공부가 재미있어지는 교과서 정치·경제

공부가 재미있어지는  **교과서 정치·경제**

2012년 12월 10일 1판 1쇄 발행
2013년 2월 28일 1판 2쇄 발행

글 황근기 그림 홍수진
펴낸이 **문제천** 펴낸곳 (주)은하수미디어
편집장 **김은영** 편집책임 **오숙희** 편집 **임소현**
디자인책임 **문미라** 디자인 **이수진 김효정**
편집진행 **김혜영** 디자인외주 **이재경** 제작책임 **이남수**
주소 서울시 송파구 문정1동 21-5 에코타워 4층
대표전화 (02)449-2701 편집부 (02)3402-1386
팩스 (02)404-8768
출판등록 제22-590호 (2000. 7. 10.)
홈페이지 www.ieunhasoo.com

교과서 정치·경제

황근기 글 | 홍수진 그림

은하수 미디어
EUNHASOOMEDIA

차례

1장 민주주의 역사와 우리 생활

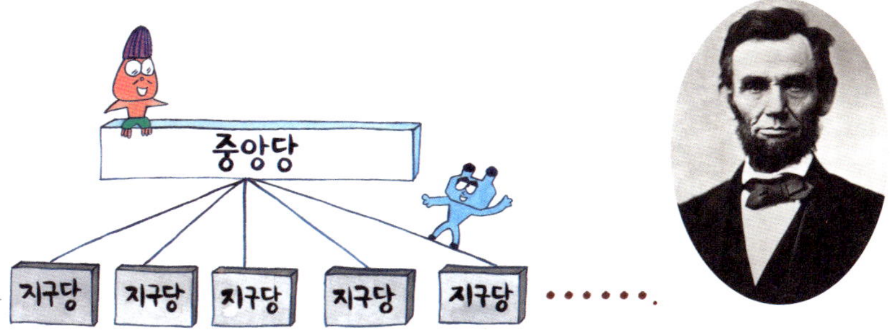

4장. 경제생활과 올바른 선택

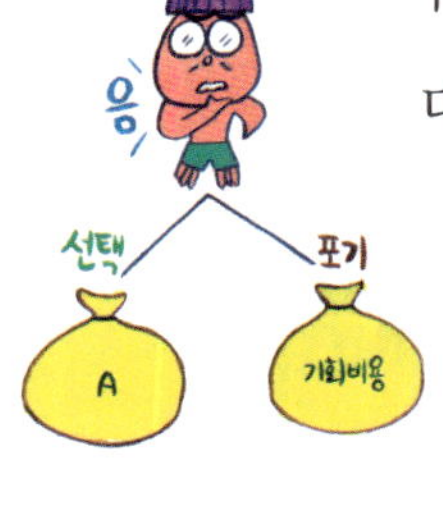

5장. 시장과 기업이 하는 일

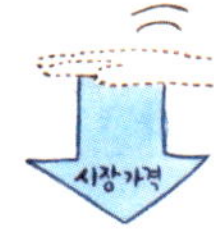

6장 가정의 알뜰한 살림살이

1장 민주주의 역사와 우리 생활

국민의, 국민에 의한, 국민을 위한 정치가 무엇인가요?

민주주의는 언제부터 시작되었나요?

전제 군주제와 공화제는 어떻게 다른가요?

영국을 왜 입헌 군주제 국가라고 하나요?

의원 내각제가 뭐예요?

민주주의의 반대말은 무엇인가요?

민주 정치의 기본 원리는 무엇인가요?

국민의 의무와 권리에는 어떤 것이 있나요?

국민의, 국민에 의한, 국민을 위한 정치가 무엇인가요?

　1863년 11월 19일, 미국 대통령 링컨은 게티즈버그에서 연설을 했어요. 당시 미국은 노예 제도를 찬성하는 남부와 노예 제도를 반대하는 북부로 나뉘어 전쟁을 벌이고 있었어요. 게티즈버그는 남북 전쟁 당시 큰 전투가 있었던 곳이에요. 링컨은 전쟁에서 죽은 병사들을 위로하고, 민주주의의 정신을 많은 사람에게 알리기 위해 연설을 했지요.

　이때 링컨이 한 연설은 5분짜리 아주 짧은 연설이었지만 우레와 같은 박수를 받았어요. 지금도 링컨이 연설의 마지막 부분에 한 말은 민주주의의 의미를 가장 잘 표현했다는 평가를 받고 있어요.

▲ 미국의 제16대 대통령인 링컨

　"국민의, 국민에 의한, 국민을 위한 정치는 이 지상에서 영원히 사라지지 않을 것입니다."

　'국민의'는 국가의 주권이 국민에게 있고 모든 권력은 국민에게서 나온다는 뜻이에요. '국민에 의한'은 소수의 정치가가 아닌 국민에 의해 정치가 이루어져야 한다는 의미예요. 선거를 통해 국민들이 직접 대표를 뽑고 그 대표들이 정치를 하는 것도 '국민에 의한' 정치라고 할 수 있어요. 그리고 '국민을 위한'은 나라에서 이루어지는 모든 정치는 국민을 위한 것이어야 한다는 뜻이에요. 이 세 가지를 잘 지키는 나라를 민주주의 국가라고 할 수 있답니다.

상식 민주주의의 뜻이 무엇일까?

　국민이 국가의 의사를 마지막으로 결정하는 권력인 '주권'을 가지고, 이것을 스스로 행사하는 정치 제도 및 사상을 '민주주의'라고 해요.

민주주의는 언제부터 시작되었나요?

 이때 아테네에는 시민들이 모여서 하는 회의인 민회가 있었는데, 민회에는 시민권을 가진 어른 남자들이 참석해서 전쟁이나 정치 문제 같은 중요한 일을 결정했어요.

"자, 그럼 민회를 시작하겠습니다. 모두 아시겠지만 오늘은 1년 동안 우리 아테네를 이끌어 나갈 정치가들을 제비뽑기로 뽑는 날입니다."

민회에 참석한 시민들의 눈이 제비뽑기를 하는 사람에게 쏠렸어요.

"자, 마지막으로 보르바 씨가 뽑혔네요. 보르바 씨도 1년 동안 아테네를 이끌어 나가게 되었습니다."

보르바 씨는 자리에서 일어나 시민들에게 인사를 했어요.

"뽑아 주셔서 감사합니다. 능력은 부족하지만 아테네를 위해 최선을 다하겠습니다."

이렇게 뽑힌 정치가들은 1년 동안 국가 일을 맡아보았어요. 하지만 가끔 제멋대로 권력을 휘두르는 폭군이 나와 나라의 질서를 어지럽혔어요. 그러자 아테네 시민들은 이 문제를 해결하기 위해 방법을 찾았어요.

"우리 아테네에 나쁜 영향을 미친다고 생각하는 사람의 이름을 도자기 조각에 적어 항아리에 넣읍시다."

"찬성입니다. 이름이 가장 많이 적힌 사람은 10년 동안 아테네 밖에 나가 있도록 하는 게 어떻겠습니까?"

"오, 그거 정말 좋은 방법입니다."

이렇게 도자기 조각에 쫓아낼 사람의 이름을 적어 낸 제도를 도편 추방제라고 하는데, 아테네의 정치가 클레이스테네스가 처음 실시했어요.

도편 추방제는 혼자 모든 것을 마음대로 결정하는 독재자가 나타나지 못하도록 시민들이 뜻을 모았다는 점, 민주주의 제도가 자리 잡는 데 큰 역할을 했다는 점에서 의미가 있어요.

하지만 아테네의 민주주의와 오늘날의 민주주의가 똑같은 건 아니에요.

먼저 고대 아테네에 사는 시민들의 수는 1만 명도 채 안 되었어요. 그래서 '아고라'라고 하는 광장에 모두 모여 회의를 하고 투표로 모든 문제를 결정할 수 있

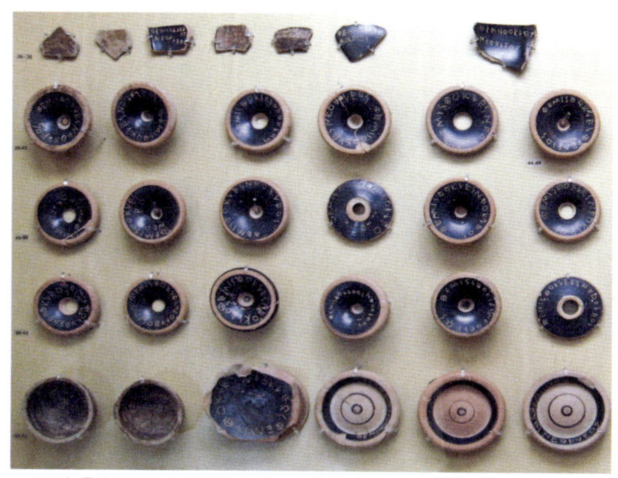

▲ 도편 추방제에 사용된 고대 아테네의 도자기 조각

었지요. 이처럼 시민이 직접 참여해서 나라의 중요한 일을 결정하는 정치 형태를 '직접 민주주의'라고 해요.

그러나 오늘날 민주주의 국가에서는 대부분 선거로 대표를 뽑고, 이 대표들이 국민을 대신해서 정치를 해요. 인구가 많아지고 사회가 복잡해져 국민들이 직접 정치를 하기 힘들어졌기 때문이지요. 오늘날의 이런 정치 형태를 '간접 민주주의', 혹은 '대의 민주주의'라고 해요.

또한 오늘날 민주주의 국가에서는 모든 국민에게 정치에 참여할 수 있는 권리가 있어요. 여러분도 만 19살이 되면 선거를 통해 정치에 참여할 수 있지요. 하지만 고대 아테네에서는 시민권을 가진 어른 남자들만 정치에 참여할 수 있었어요. 여성이나 노예에게는 정치에 참여할 기회를 주지 않았지요. 이런 면에서 고대 아테네의 민주주의와 오늘날의 민주주의에는 커다란 차이가 있어요.

쏙쏙 파헤치는 호기심 정치

좁은 의미의 정치

오늘날 우리가 흔히 말하는 정치를 좁은 의미의 정치라고 할 수 있어요. 대통령이나 국회 의원 같은 정치인들은 선거에서 이겨 권력을 차지하기 위해 노력해요. 그리고 권력을 차지한 뒤에는 이를 유지하기 위해, 또한 국민의 생명과 재산을 보호하고 질서를 유지하기 위해 힘쓰지요.

이처럼 국가를 다스리기 위해 권력을 얻고 이를 유지하는 활동을 좁은 의미의 정치라고 해요.

넓은 의미의 정치

사람들이 모여 사는 곳이라면 어디에나 정치가 있다고 보는 것이 넓은 의미의 정치예요.

여러 사람이 함께 생활하다 보면 서로 의견이 다르거나 갈등이 생길 수 있지요. 이때 자신의 생각을 내세워 상대방을 설득하거나 갈등을 해결하는 것도 정치라고 할 수 있어요. 예를 들어 친구와 친구가 싸웠을 때 여러분이 두 친구를 화해시키는 것도 넓은 의미의 정치라고 볼 수 있지요.

이처럼 사람들 사이의 다양한 의견과 갈등을 조정해서 문제를 해결하는 모든 활동을 넓은 의미의 정치라고 해요.

전제 군주제와 공화제는 어떻게 다른가요?

어느 날, 브루나이의 왕이 명령을 내렸어요. 브루나이는 남태평양 보르네오 섬에 있는 인구 38만여 명의 왕국이에요.

"이 세상에서 가장 호화롭게 궁전을 지어라."

"그러려면 어마어마한 돈이 필요합니다."

"돈은 얼마가 들든 상관없다!"

얼마 뒤 브루나이의 왕은 또 다른 명령을 내렸어요.

"내 전용 비행기 안에 대리석과 금으로 욕실을 만들어라!"

이렇게 브루나이처럼 한 사람이 자기 마음대로 정치를 할 수 있는 형태를 전제 군주제라고 해요. 중동 지역의 사우디아라비아, 쿠웨이트, 오만 등의 나라는 왕이 모든 정치권력을 가지고 있는 전제 군주제 국가예요. 하지만 오늘날 대부분의 국가는 공화제를 채택하고 있어요. 공화제란 여러 사람이 권력을 나누어 가지는 정부 형태를 말해요. 공화제를 선택한 나라를 공화국이라고 하지요. 공화국에서는 국민이 나라의 주권을 가지고, 일정한 임기 동안 일하는 국가 원수를 선거를 통해 뽑아요.

우리나라도 예전에는 공화국이라는 이름을 사용했어요. 초대 대통령인 이승만 대통령부터 13대 노태우 대통령까지는 제1공화국, 제2공화국…… 하는 식으로 불렀어요. 그러다 요즘은 공화국이라는 이름 대신 '참여 정부' 또는 '국민의 정부' 등 새로운 이름을 지어 사용하고 있답니다.

상식 북한도 공화국일까?

북한의 정식 이름은 '조선 인민 민주주의 공화국'이에요. 하지만 북한은 한 사람의 권력이 굉장히 강하고 그 권력을 가족에게 물려주기 때문에 이름처럼 공화국이 아니라 전제 군주국이라고 할 수 있어요.

영국을 왜 입헌 군주제 국가라고 하나요?

　17세기 영국의 왕이었던 제임스 2세는 법을 무시하고 마구 세금을 거둬들였어요. 그러자 영국 의회가 들고일어났어요. 의회는 요즘의 국회 같은 역할을 하던 기관이에요.

　"모든 일을 우리 의회와 상의해서 결정해야 하는데, 의회를 무시하고 자기 마음대로 정치를 하다니. 이참에 새로운 왕을 세웁시다."

▲영국의 국회 의사당인 웨스트민스터 궁전(유네스코 세계 유산)

　"네덜란드로 시집간 왕의 큰딸 메리 공주를 영국으로 모십시다."

　영국 의회는 제임스 2세를 쫓아내고 메리 공주와 그 남편을 새로운 왕으로 모셨어요. 그리고 왕과 여왕에게 권리 장전을 만들어 제출했어요.

　권리 장전의 내용을 본 왕과 여왕은 깜짝 놀랐어요.

　"뭐? 왕도 법을 따라야 하고 뭐든 의회와 상의해야 한다고?"

　왕과 여왕은 의회의 압력을 견디지 못하고 어쩔 수 없이 권리 장전에 서명했어요. 이로써 영국은 세계 최초로 입헌 군주제 국가가 되었어요. 이처럼 입헌 군주제 국가에서는 왕은 존재하지만 직접 나라를 다스리지는 않아요. 정치를 하는 것은 의회예요. 모든 정치적인 문제는 헌법에 따라 의회에서 결정하지요.

상식) 어떤 나라들이 입헌 군주제 국가일까?

- 아시아: 일본, 말레이시아, 타이, 부탄, 요르단 등
- 유럽: 네덜란드, 덴마크, 노르웨이, 영국, 모나코, 벨기에 등
- 아프리카: 모로코, 레소토 등

정치

의원 내각제가 뭐예요?

소소야, 의원 내각제에 대해 조사해 왔냐?
네, 임무를 마치고 돌아왔습니다.
대장님, 의원 내각제에는 대통령이 없다고 합니다.
자세한 내용은 이 보고서에 다 적어 두었습니다.
오, 그래! 이제 제법 일을 잘하는구나.
대통령이 없어? 그럼 누가 정치를 하냐?
앗! 중국집 메뉴판하고 바뀌었네.
으악
뻥
핫
당장 다시 조사해 와!
짜장면 4천 원. 짬뽕 5천 원. 이거 보고서 맞냐?

일본의 ○○당 당원들이 국회 의원 선거 결과를 보기 위해 손에 땀을 쥐며 텔레비전 앞에 모였어요. 아나운서가 말했어요.

"이번 선거에서는 ○○당이 다수당이 될 것으로 예측됩니다."

○○당 사무실에 모여 있던 사람들은 환호성을 질렀어요.

"이제 우리가 내각(행정부의 다른 말)을 구성할 수 있게 된 거지?"

"그럼. 우리 당에서 내각을 이끌 총리(수상이라고도 함)가 나오게 된 거야."

텔레비전으로 이웃 나라 일본의 선거 과정을 지켜보던 지우가 아빠에게 물었어요.

"아빠, 일본에서는 대통령을 정당에서 뽑나요?"

"일본에는 대통령이 없어."

"정말요? 그럼 누가 나라를 이끌어 가요?"

"일본의 정치 제도는 **의원 내각제**야. 의원 내각제에서는 **국회 의원을 가장 많이 당선시킨 다수당이 내각을 구성하지**. 그리고 **나라의 최고 통치권자인 총리는 국회 의원들이 뽑거나 다수당의 대표가 맡아**."

이러한 의원 내각제의 장점은 국민의 뜻이 잘 반영된다는 점이에요. 국민이 직접 뽑은 국회 의원이 나라를 이끌어 가는 내각을 구성하니까요. 또한 같은 정당에 속해 있는 사람끼리 국회와 정부를 구성하기 때문에 갈등이 적고, 대통령 중심제보다 정책을 결정하고 실천하기가 훨씬 쉬워요.

상식 의원 내각제의 단점은 무엇일까?

대통령제에서는 행정부, 사법부, 입법부가 서로 힘의 균형을 이루어요. 하지만 의원 내각제에서는 한 정당에서 행정부와 입법부를 구성하기 때문에 권력이 한쪽으로 쏠릴 염려가 있다는 단점이 있어요.

민주주의의 반대말은 무엇인가요?

"민주주의의 반대말은 공산주의야."

이 말은 맞을까요, 틀릴까요? 민주주의의 반대말은 공산주의가 아니라 독재주의예요. 민주주의는 국민 모두가 주인이 되어 나라를 이끌어 가는 정치 제도이고, 독재주의는 한 사람이나 일부 집단이 중심이 되어 나라를 이끌어 가는 정치 제도거든요. 그러니까 우리나라처럼 국민이 선거로 뽑은 정치인들이 국민을 대신해서 정치를 하는 나라는 민주주의 국가이고, 북한처럼 한 사람이 왕처럼 나라를 이끌어 가면 독재주의 국가인 거예요. 군주제도 한 사람에게 권력이 집중되어 있다는 점에서 독재주의와 비슷한 정치 제도예요.

▲공산주의를 만든 마르크스

그럼 공산주의는 무엇일까요? 공산주의는 부자와 가난한 사람의 차이를 없애기 위해 칼 마르크스라는 학자가 만든 이념이에요.

"자유보다는 평등이 더 중요합니다. 따라서 공산주의 국가에서는 개인이 재산을 소유해서는 안 되고, 모든 사람이 함께 생산하고 똑같이 나누어 가져야 합니다."

자본주의에서는 공산주의와는 반대로 개인에게 재산을 모으고 관리할 수 있는 권리를 주어요. 우리나라를 비롯해서 미국, 영국, 일본 등 세계의 많은 나라가 자본주의 경제 제도를 택하고 있지요.

상식 민주주의와 공산주의는 정치·경제 제도에 따라 어떻게 나뉠까?
- 정치 제도에 따라: 민주주의 ⇔ 독재주의, 군주제 등
- 경제 제도에 따라: 공산주의 ⇔ 자본주의

민주 정치의 기본 원리는 무엇인가요?

지하철에서 한 아저씨가 크게 통화를 하자 옆에 있던 지우가 말했어요.

"아저씨, 죄송한데요. 통화 좀 조용히 하시면 안 될까요?"

"민주주의 국가에서 자유롭게 통화하는데, 네가 웬 참견이냐?"

"조용히 지하철을 타고 가려는 다른 사람들의 자유도 존중해 주셔야죠. 자신의 자유를 누리기 위해 다른 사람의 자유를 침범하면 안 되잖아요."

"허허, 녀석. 어느 집 자식인지 똑똑하구나. 그래, 내가 잘못했다."

민주주의 사회에서는 자유, 평등, 인간 존중을 보장하고 있어요. 인간 존중은 모든 인간이 태어날 때부터 가지고 있는 인간의 존엄성을 인정한다는 뜻이에요. 자유는 어떤 것을 결정할 때 스스로 결정할 수 있는 기회를 갖는 것이고, 평등은 어떤 경우에도 차별을 받지 않는 것을 의미해요. 그런데 사람들은 서로 자기 입장에서 자유, 평등, 인간 존중을 내세우는 경우가 많아요. 때문에 잦은 다툼이 벌어지기도 하지요. 그래서 필요한 것이 바로 민주 정치예요. 민주 정치를 통해 이러한 갈등을 조정하고, 모두가 함께 잘사는 사회를 만들어 나가야 하지요.

민주 정치를 이루기 위해서는 **국민 주권**(국민에게 나라의 주권이 있다는 뜻), **국민 자치**(국민이 스스로 정치를 해야 한다는 뜻), **입헌주의**(법에 따라 국가를 운영하려는 정치사상), **권력 분립**(행정부, 사법브, 입법부에서 권력을 나누어 가지는 것), **지방 자치**(각 지방의 일은 그 지방 주민이나 단체가 스스로 처리하는 제도)가 필요해요. 이 다섯 가지를 **민주 정치의 기본 원리**라고 해요.

상식 정치는 어떤 역할을 할까?

정치는 국민이 인간답게 살 수 있도록 갈등을 조정하고 사회 질서를 바로잡는 역할을 해요. 대화와 타협으로 문제를 해결하고, 갈등을 조정해 나가는 정치가 올바른 정치예요.

국민의 의무와 권리에는 어떤 것이 있나요?

“연예인 △△△ 씨가 군대에 가기 싫어서 거짓말을 한 게 들통나서 경찰에 잡혀갔대.”

“어떻게 거짓말을 했는데?”

“군대에 안 가려고 병원에 입원해서 일부러 아픈 척을 했나 봐. 그런 다음 진단서를 거짓으로 꾸며서 국방부에 제출했대.”

“그럼 경찰에 잡혀가나?”

“당연하지. 우리나라 국민에겐 반드시 다해야 할 의무가 있어. 그중에서도 남자들은 군인이 되어 나라를 지키는 국방의 의무를 꼭 다해야 해. 국방의 의무를 다하지 않으면 감옥에 가야 한다고.”

우리나라 국민에게는 마땅히 다해야 할 6가지 의무가 있어요. 이 의무를 다하지 않으면 그에 따른 책임을 져야 해요. 그러니까 이번 기회에 국민의 6대 의무에 대해 분명하게 알아 두면 좋겠지요.

국방의 의무는 나라를 안전하게 지킬 의무예요.

납세의 의무는 법률이 정한 대로 국가에 세금을 낼 의무예요. 국가

▲휴전선에서 국방의 의무를 다하고 있는 군인들

는 국민에게 세금을 거두어 도로를 만들고, 도서관을 짓고, 쓰레기를 치우는 등 나라 살림을 꾸려 가요. 만약 국민이 납세의 의무를 다하지 않는다면 돈이 없어서 이런 일을 할 수 없게 되지요.

교육의 의무는 모든 국민이 자녀에게 적어도 초등 교육과 법률이 정하는 교

육을 받게 할 의무예요. 우리나라에서는 중학교까지 의무적으로 교육을 받도록 법으로 정해 놓았어요.

근로의 의무는 개인과 국가의 발전을 위해 일을 해야 할 의무예요.

재산권 행사의 의무는 많은 사람에게 두루 이익이 되도록 적합하게 재산을 사용해야 할 의무예요.

환경 보존의 의무는 환경의 소중함을 알고, 환경을 깨끗하게 가꾸고 지켜야 할 의무예요.

물론 나라의 주인인 국민은 인간으로서 당연히 누려야 할 기본적인 권리도 가지고 있어요. 자신에게 주어진 권리를 모르면 나중에 손해를 보는 일이 생길 수도 있고, 억울한 일을 당할 수도 있어요. 그러니까 국민의 기본 권리도 잘 알아 두어야 해요. 국민이 누려야 할 기본 권리를 **국민의 기본권**이라고 하는데 자유권, 평등권, 사회권, 청구권, 참정권이 있어요.

가장 먼저 **자유권**은 일정한 범위 안에서 자신의 뜻에 따라 행동하고 생각할 수 있는 권리를 말해요. 신체의 자유, 말할 자유, 어디든 갈 수 있는 자유, 직업 선택의 자유, 언론·출판·집회의 자유 등이 모두 자유권에 속해요.

평등권은 직업, 성별, 종교, 나이, 장애, 신분 등에 관계없이 법 앞에서 차별을 받지 않을 권리예요.

사회권은 국민이 인간답게 살 수 있도록 국가에 요구할 수 있는 권리예요.

참정권은 국민으로서 정치에 참여할 수 있는 권리예요.

청구권은 국민이 국가에 무엇을 해 달라고 건의할 수 있는 권리예요.

옴부즈맨 제도

옴부즈맨 제도란 자본주의 국가에서 행정부의 독재를 막기 위해 만든 제도로, 국가의 잘못 때문에 국민이 피해를 입는 것을 막기 위해 국가가 제3자의 입장에서 신속하게 조사, 처리해 주는 제도예요. 국민의 자유와 권리를 보호하기 위해 만든 제도이지요. 전 세계 여러 나라에서 시행하고 있어요. 우리나라에서는 '국민 고충 처리 위원회'가 바로 이 옴부즈맨 역할을 하고 있답니다.

행정 기관으로부터 부당한 대우를 받은 국민들은 국민 고충 처리 위원회에 신고를 할 수 있어요. 신고를 받으면 전문 조사관들이 조사를 해서 행정 기관에게 잘못을 고치도록 권하지요.

국가가 국민에게 전하는 보고서, 백서

국민은 정부가 어떤 일을 했는지 알 권리가 있어요. 그리고 정부는 국민에게 나라의 정책을 알릴 의무가 있지요. 그래서 정부의 각 부처에서는 국민에게 알리기 위한 보고서를 만드는데, 이것을 '백서'라고 해요. 예를 들면 환경부의 정책을 알리는 보고서는 '환경 백서', 국방 분야에 대한 보고서는 '국방 백서'라고 해요.

주요 도서관이나 각 부처 홈페이지어 들어가면 누구나 백서의 내용을 살펴볼 수 있답니다.

민주주의를 실현하는 기관

메니페스토 운동은 왜 생겨났나요?

불법 선거 운동을 하면 어떻게 되나요?

대통령은 어떤 일을 하나요?

행정부에서는 어떤 일을 하나요?

국회 의원은 어떤 일을 하나요?

국회에서는 어떻게 안건을 통과시키나요?

국회 의원은 죄를 지어도 안 잡혀간다고요?

법원에서는 어떤 일을 하나요?

법에도 위아래가 있다고요?

법이 옳은지 그른지 가려내는 곳이 어디예요?

민주주의 국가에서는 왜 권력을 셋으로 나누나요?

 정치 메니페스토 운동은 왜 생겨났나요?

옛날 어느 마을에 양치기 소년이 살고 있었어요.

"아, 너무 심심해."

양치기 소년은 심심한 나머지 마을 사람들을 골려 주고 싶어졌어요.

"큰일 났어요! 늑대가 나타났어요!"

양치기 소년의 외침에 마을 사람들이 우르르 몰려왔어요. 하지만 곧 거짓말이라는 것이 밝혀졌어요.

그 뒤로도 소년은 똑같은 장난을 몇 차례 더 했고 마을 사람들은 그때마다 속았어요. 그러던 어느 날, 진짜 늑대가 나타났어요. 소년은 고래고래 고함을 질렀어요.

"큰일 났어요! 늑대가 나타났어요! 이번엔 정말이에요."

하지만 마을 사람들은 들은 척도 하지 않았어요. 소년이 또 거짓말을 하는 거라고 생각했거든요. 결국 양들은 모두 죽고 말았어요.

이 이야기를 모르는 어린이는 아마 없을 거예요. 그런데 정치인들 중에 요즘도 이런 양치기 소년 같은 사람들이 있어서 문제랍니다.

그동안 우리나라의 정치인들은 무조건 당선되고 보자는 식으로 말도 안 되는 공약을 쏟아냈어요. 공약은 국민과의 공적인 약속이에요. 선거 후보자들이 선거 기간 동안 당선되면 이러한 일들을 하겠다고 유권자(선거할 권리를 가진 사람)들에게 약속하는 것이지요.

많은 정치인이 자신을 뽑아 주면 국민들에게 돈을 주겠다느니, 조그만 동네에 국제 공항을 짓겠다느니 하는 헛된 공약을 하곤 했어요. 하지만 막상 당선된 뒤에는 공약을 실천하지 않거나 일단 당선되고 보자는 식으로 거짓 공약을 마구 늘어놓는 경우가 많았어요. 그래서 생겨난 것이 바로 메니페스토 운동이에요.

▲선거 후보자가 공약을 제대로 지키는지 점검하는 메니페스토 운동

메니페스토 운동의 예를 하나 들어 볼게요.

"저를 국회 의원으로 뽑아 주신다면 어린이들을 위해 학교 운동장에 잔디를 깔겠습니다."

"후보자님! 당선된 뒤 언제, 어떻게 그 공약을 지키실 건지도 분명하게 말씀해 주세요. 그리고 만약 그 공약을 안 지키면 어떻게 하실 건가요?"

"국회 의원 자리에서 깨끗하게 물러나겠습니다."

"좋습니다. 그럼 후보자님의 공약을 믿고 투표를 하겠습니다."

이처럼 메니페스토 운동은 선거를 하는 사람들이 후보자가 공약을 언제, 어떻게 추진할 것인지와 실제로 실현이 가능한지 구체적으로 점검한 뒤 한 표를 행사하기 위해 생겨난 '참공약' 시민운동이에요.

따라서 유권자들은 당선자가 국회 의원이 된 뒤 공약을 잘 실천하는지 지켜봐야 해요. 만약 공약을 실천하지 않는 정치인이 있다면 그 사실을 널리 알려야 해요. 그리고 다음 선거에서는 그 정치인에게 투표를 하지 말아야 하지요. 공약을 안 지키는 정치인은 늑대가 나타났다고 거짓말을 하는 양치기 소년과 같으니까요.

우리나라의 메니페스토 운동은 2006년 5월 31일 지방 선거 때부터 활발하게 이루어지고 있어요.

공정한 선거를 위한 4대 원칙

민주주의 사회에서는 공정하게 선거를 치러야 해요. 우리나라에서는 공정한 선거를 치르기 위해 네 가지 원칙을 정해 놓고 있어요. 공정한 선거는 민주주의 발전에 아주 큰 영향을 미치기 때문에 선거를 할 때는 이 4대 원칙을 꼭 지켜야 해요.

- **첫째, 보통 선거의 원칙**

  우리나라 국민이라면 만 19세가 되던 누구나 선거에 참여할 수 있어요.

- **둘째, 평등 선거의 원칙**

  모든 사람이 공정하게 한 표씩 투표할 수 있어요. 아무리 권력이 있어도, 돈이 많아도, 힘이 세도 모두 똑같이 한 표만 행사할 수 있답니다.

- **셋째, 직접 선거의 원칙**

  투표권이 있는 사람이 직접 투표해야 해요. 바쁘다고 다른 사람이 대신 투표를 하면 그 표는 무효가 되고 처벌을 받아요.

- **넷째, 비밀 선거의 원칙**

  누구에게 투표했는지 비밀로 부쳐요. 그래야 뽑고 싶은 사람을 마음대로 뽑을 수 있겠지요? 그래서 우리나라에서는 비밀 선거를 원칙으로 하고 있어요.

불법 선거 운동을 하면 어떻게 되나요?

예전에는 선거일이 다가오면 전국이 들썩거렸어요.

"저를 뽑아 주시면 우리 동네를 위해 넓은 길을 놓겠습니다."

"여러분! 저를 뽑아 주시면 학교를 세우겠습니다. "

후보자들은 밤낮없이 시끄럽게 선거 유세를 했어요. 게다가 상대 후보를 마구 헐뜯기도 했지요.

"○○○ 후보는 고등학교밖에 안 나온 무식한 사람입니다. 이런 사람이 어떻게 국회 의원이 될 수 있겠습니까?"

"여러분! △△△ 후보는 자기 이익만 챙기는 나쁜 사람입니다. 이런 사람의 말에 속지 마세요."

후보자들은 유권자들에게 뇌물을 주기도 했어요.

"자네, 그 신발 어디서 났나?"

"이번 국회 의원 선거에 출마하는 후보자가 한 표 찍어 달라며 줬지."

"선거는 공정하게 해야 하는 건데……."

"신발 정도는 아무것도 아니야. 다른 후보는 밥도 사 주고, 관광도 보내 준대. 그리고 이건 비밀인데 어떤 후보는 몰래 돈도 준대."

이런 불법 선거 운동을 감시하기 위해서 1952년에 생겨난 것이 바로 '선거 관리 위원회'예요. 선거 관리 위원회는 시, 구, 군 단위로 활동해요. 투표구를 직접 담당하는 선거 관리 위원회도 있고, 그 선거 관리 위원회를 지휘 감독하는 '중앙 선거 관리 위원회'도 있어요. 선거 관리 위원회가 제 역할을 하기 시작하면서부터 요즘은 공정한 선거 문화가 자리 잡아 가고 있답니다.

우리나라는 자유로운 민주주의 국가이지만 선거 운동은 마음대로 하지 못하도록

규칙을 정해 놓고 있
어요. 아무리 돈이
많아도 함부로 펑
펑 쓸 수 없도록
하고 있지요.

왜 그렇게 하느
냐고요? 돈이 많은
A라는 후보와 가진

돈이 별로 없는 B라는 후보가 동시에 입후보를 했다고 생각해 보세요. A 후
보는 돈이 많으니까 선거 홍보물 포스터를 마음껏 찍어낼 수 있겠지요? 광고
도 마음껏 할 수 있을 거고요. 하지만 가진 돈이 별로 없는 B 후보는 선거 홍
보물 포스터를 조금밖에 만들지 못할 거예요. 당연히 광고도 하지 못할 거고
요. 그러면 B 후보가 불리하겠지요.

그리고 대통령이나 국회 의원이 되려면 선거에 후보자로 등록할 때 돈을
내야 해요. 장난으로 후보자 등록하는 것을 막기 위해 생긴 법이지요. 하지
만 선거에 나오는 데 많은 돈이 든다면 가난한 사람은 선거에 나올 수 없겠지
요? 능력이 있는 사람이 돈 때문에 선거에 나오지 못할 수도 있고 말이에요.

이런 문제를 해결하기 위해 우리나라에서는 '선거 공영제'라는 제도를 두고
있어요. 선거 공영제란 선거에 관련된 몇 가지 일을 국가나 지방 자치 단체가
관리하는 제도예요. 선거 공영제에 따라 우리나라에서는 선거를 치르는 데
드는 비용의 일부를 나라에서 내 주어요. 선거 공영제는 돈은 없지만 능력이
있는 사람에게 기회를 주기 위해서 만들어진 법이에요.

선거를 수요일에 치르는 이유

우리나라에서는 각종 선거를 모두 수요일에 치러요. 수요일에 선거를 치르는 이유는 투표 참여율을 높이기 위해서예요. 만약 금요일에 선거를 치르면 어떻게 될까요? 많은 사람이 야외로 놀러 가느라 선거에 참여하는 사람이 적을 거예요.

또 선거일을 수요일로 딱 정해 놓으면 정당들도 선거 때마다 자기들에게 유리한 선거일을 잡으려고 다투지 않아 좋지요.

대통령 선거는 현재 대통령의 임기가 끝나기 70일 전, 돌아오는 첫 번째 수요일에 치러져요. 국회 의원 선거는 현재 국회 의원이 임기가 끝나기 50일 전, 돌아오는 첫 번째 수요일에 치러진답니다.

부재자 투표

선거를 하고 싶어도 하지 못할 때가 있어요. 몸이 너무 아파서 움직이기 힘들 때, 멀리 외국에 유학 가 있을 때, 군대에 들어가 있을 때 등은 투표를 하지 못하겠지요. 이렇게 여러 가지 이유로 주소지를 떠나 있어서 투표를 할 수 없는 사람들은 우편으로 투표를 할 수 있는데, 이것을 '부재자 투표'라고 해요.

선거일에 자리를 비우기 힘든 공무원이나 배를 타고 먼 바다에 나가 오랜 시간 머무는 사람도 부재자 투표를 할 수 있어요.

대통령은 어떤 일을 하나요?

“제 꿈은 대통령이 되는 거예요.”

아빠 엄마가 어렸을 적에는 대통령이 꿈인 어린이가 많았어요. 그런데 진짜 대통령이 되면 어떨까요? 아주 신 날 것 같다고요? 지금부터 진짜 대통령의 하루 일과를 소개할 테니까 깊이 생각해서 판단해 보세요.

“대통령님, 어서 일어나십시오.”

“벌써 오전 6시가 됐나? 그래, 오늘 내가 할 일이 뭔가?”

“오전 9시에는 국무 회의가 열립니다. 오늘 국무 회의에서는 나라를 지키기 위한 안보 문제에 대해 토론이 있을 예정입니다. 그리고 11시에는 국군의 날 기념식에 참석하셔야 하고, 점심에는 올림픽 국가 대표 선수들을 위한 만찬회에 참석하셔야 합니다.”

“그럼 오늘 할 일이 끝나나?”

“아닙니다. 오후 6시에는 각 정당의 대표들과 면담을 하셔야 하고, 7시에는…….”

“아, 됐네, 됐어. 오늘도 눈코 뜰 새 없이 바쁘겠구먼.”

어때요? 대통령의 하루 일과는 정말 바쁘지요? 대통령은 우리나라에서 가장 큰 권력을 가지고 있는 사람이에요. 그만큼 책임도 커요. 먼저 대통령은 한 나라의 독립과 영토를 지켜야 할 책임이 있어요. 또 국민의 생명과 재산을 보호하고, 모든 국민이 행복한 삶을 살 수 있도록 최선을 다해 나라를 다스려야 한답니다.

대통령이 하는 일을 좀 더 구체적으로 살펴볼까요.

첫째, 대통령은 외국의 대통령이나 국왕, 총리, 수상이 우리나라를 방문했을 때 우리나라를 대표해서 이들을 맞이하는 역할을 해요. 또 우리나라를 대표해서 다른 나라를 방문하기도 하지요.

둘째, 대통령은 우리나라 국민을 대표해서 다른 나라와 조약을 맺을 수 있어요.

셋째, 대통령은 국군을 통솔하고 지휘할 수 있어요. 또 다른 나라에 전쟁을 선포할 수 있어요.

넷째, 대통령은 국무총리와 사법부의 최고 책임자인 대법원장을 국회의 동의를 얻어 임명할 수 있어요.

다섯째, 대통령은 국민의 생활에 필요하다고 생각되는 법률을 국회에 제안할 수 있어요.

여섯째, 대통령은 법원에서 죄가 있다고 인정한 사람도 특별히 용서해 줄 수 있어요. 이것을 '특별 사면'이라고 해요.

일곱째, 대통령은 나라의 중요한 일을 국무 회의에서 국무총리와 각 부 장관들과 함께 결정하고, 그 결정에 대해 최종적으로 책임을 져요.

이 밖에도 대통령이 하는 일은 아주 많아요. 하지만 아주 중요한 일들은 대통령 혼자 결정할 수 없어요. 대부분 국회의 동의를 얻어야 한답니다.

대통령 중심제의 장점과 단점

대통령이 나라의 최고 권력을 가진 정치 제도를 대통령 중심제라고 해요. 대통령 중심제는 미국에서 가장 먼저 시작되었어요. 대통령 중심제의 장점은 임기 동안 나라를 안정적으로 운영할 수 있다는 점이에요. 또 국회의원이 가장 많은 정당이 마음대로 정치를 하는 것을 막을 수도 있지요. 그러나 단점도 있어요. 대통령이 정치를 잘못하면 혼자서 모든 것을 마음대로 결정하는 독재가 될 수도 있어요. 또 대통령이 이끄는 정부와 국회 사이에 의견 충돌이 생겨 나라가 혼란에 빠질 수도 있지요.

단임제, 중임제, 연임제

현재 우리나라의 대통령 선거는 5년마다 한 번씩 치러져요. 5년 단임제라는 말은 누구든 딱 5년 동안만 대통령이 될 수 있다는 말이에요. 제아무리 정치를 잘하는 대통령이라고 해도 또 대통령을 할 수는 없지요.

단임제와 달리 두 번 대통령을 할 수 있는 제도를 '중임제'라고 하고, 횟수에 제한 없이 대통령을 할 수 있는 제도를 '연임제'라고 해요.

5년 단임제는 독재 정치를 막을 수 있다는 장점이 있어요. 하지만 5년 뒤면 끝이라는 생각에 책임감 없이 나랏일을 할 염려가 있지요. 또 이와 반대로 5년 뒤면 끝이라는 생각에 무리하게 나랏일을 추진해 나갈 염려도 있답니다.

행정부에서는 어떤 일을 하나요?

“정부는 올해 12월부터 공공시설을 더 만들고…….”

“정부에서는 초등학교 급식을 위생적으로 관리할 수 있도록…….”

텔레비전에서 이런 뉴스를 접하면 사람들은 너도나도 한마디씩 해요.

“에이, 정부에서 저런 식으로 일을 하면 안 되지.”

“정부에서 오랜만에 제대로 일을 하는구나!”

이처럼 언론이나 국민들은 정치에 대해 얘기할 때 ‘정부’라는 말을 가장 많이 써요. 국가의 살림을 맡아보는 곳을 행정부라고 하는데, 행정부를 줄여서 ‘정부’라고 해요. 행정부는 대통령, 국무총리, 각 부의 장관들, 각 행정 기구에서 일하는 공무원 등으로 구성되어 있어요. 행정부의 최고 책임자는 대통령이지요. 대통령은 국무 회의에서 각 부의 장관들과 함께 나라 살림을 어떻게 꾸려나갈지 의논해서 결정해요.

행정부가 하는 일은 헤아릴 수 없이 많아요. 우체국, 도서관, 학교 등 공공시설을 만드는 일도 하고, 나라를 지키는 일도 하고, 어려운 노인이나 소년 소녀 가장을 도와주는 일도 하고, 경제 발전에 필요한 정책을 세우기도 하고, 국민들에게서 세금을 거두어들이기도 하고……. 이렇게 할 일이 많기 때문에 행정부에서는 15개로 부서를 나누고, 특성에 따라 일을 나누어서 해요.

현재 우리나라 행정 기구는 15부 2처 18청 외에 감사원, 대통령 자문 기구로 구성되어 있고, 대통령이나 국무총리 밑으로 여러 위원회가 있어요. 2처는 법제처와 국가 보훈처로 각 부서의 공통된 일을 맡아보는 곳이에요. 18청은 국세청, 조달청, 관세청, 기상청 같은 곳으로 소속된 부서의 일을 돕는 기관이지요.

정부를 ‘큰 정부’ 와 ‘작은 정부’로 구분하기도 해요. 국민의 일상생활에 적극적으로 관여하면 ‘큰 정부’라고 하고, 그의 간섭을 하지 않으면 ‘작은 정부’

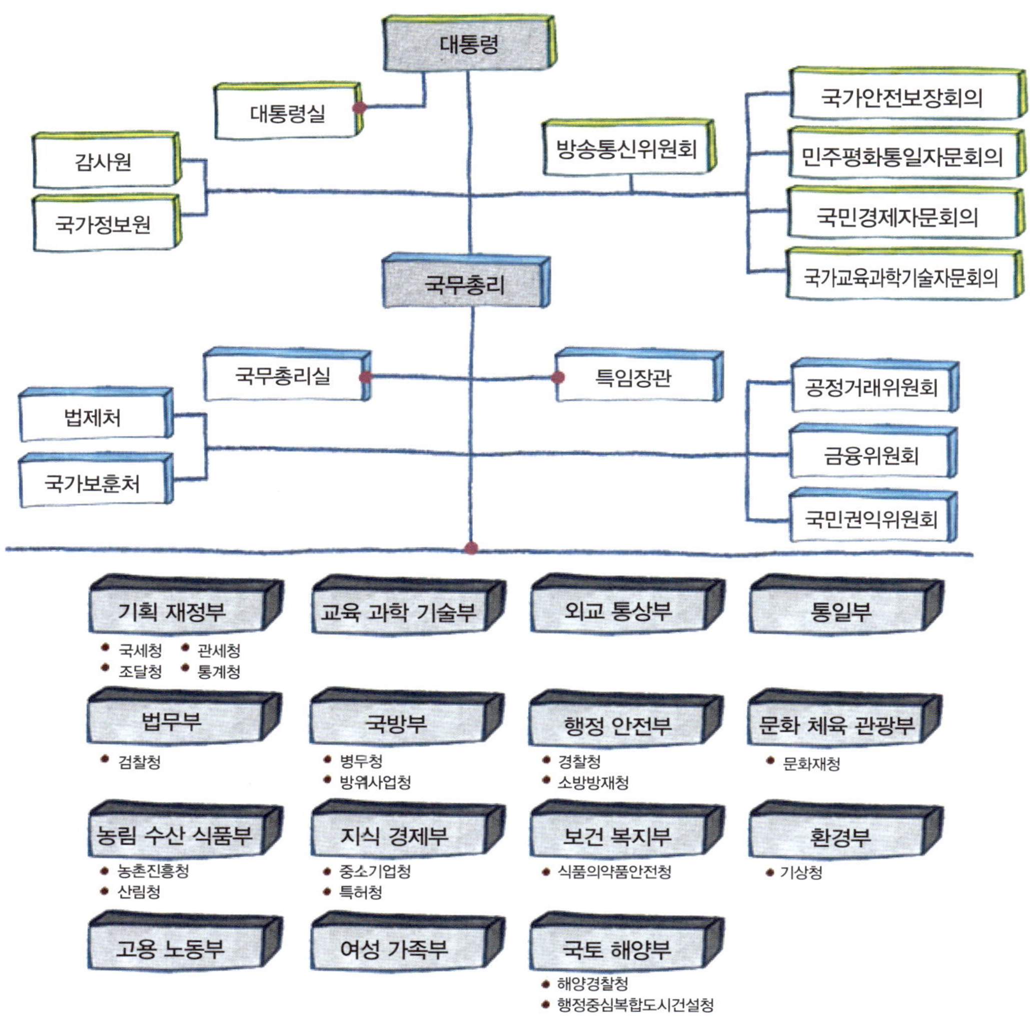

라고 해요. 큰 정부는 국민의 사생활이 침해당할 염려가 있어요. 작은 정부는 국민의 생활을 두루 보살피기 힘들다는 단점이 있지요. 따라서 큰 정부와 작은 정부의 장점이 잘 어우러진 정부가 바람직한 정부라고 할 수 있어요.

15개 행정부에서 하는 일

- **기획 재정부**: 나라의 경제 정책을 세우고 예산 및 세금을 다루어요.
- **교육 과학 기술부**: 학교 교육과 과학 진흥에 관한 일을 해요.
- **통일부**: 남북 통일에 관한 일을 해요.
- **국방부**: 외국의 침략에 대비해 나라를 지키는 일을 해요.
- **외교 통상부**: 외국과의 무역이나 조약을 체결하는 일을 해요.
- **법무부**: 검찰, 형벌 집행, 인권 보호, 출입국 관리 등의 일을 해요.
- **환경부**: 환경을 보호하고 환경 오염을 막는 일을 해요.
- **지식 경제부**: 산업, 무역, 에너지 수급 등에 관한 일을 해요.
- **보건 복지부**: 아동, 청소년, 노인, 장애우 및 가족 사회 복지에 관한 일을 해요.
- **고용 노동부**: 직업 안정, 실업 대책, 직업 훈련 등에 관한 일을 해요.
- **여성 가족부**: 여성의 인권과 권리 보호에 관한 일을 해요.
- **국토 해양부**: 국토 개발, 도로·주택 건설, 해양 자원 개발, 해양 영토 관리 등의 일을 해요.
- **행정 안전부**: 국가의 치안, 재난 관리, 전자 정부, 선거와 국민 투표 업무, 지방 자치 단체 관리 등에 관한 일을 해요.
- **문화 체육 관광부**: 문화, 예술, 방송, 출판, 체육, 관광 등을 다루어요.
- **농림 수산 식품부**: 농업·임업·수산업 개발 및 식품 관련 업무, 어민 보호 등의 일을 해요.

국회 의원은 어떤 일을 하나요?

"아파트에서 애완견을 기르지 못하게 하는 법이 있었으면 좋겠어."

"난 공휴일을 지금보다 2배 더 늘리는 법이 있었으면 좋겠어."

이렇게 사람들은 저마다 자기에게 이로운 법이 생겼으면 하고 바라요. 그런데 온 국민이 너도나도 자기에게 이로운 법을 만들겠다고 나서면 어떻게 될까요? 수많은 사람이 한자리에 모여 자기주장만 내세우면 큰 다툼이 일어날 거예요.

그래서 우리나라에서는 국민의 대표를 300명 뽑고 이들에게 법을 만들도록 했어요. 이 사람들이 바로 국회 의원이에요. 각 지역에서 뽑힌 국회 의원들이 일하는 곳이 국회이고요. 법을 만드는 곳이라는 의미로 국회를 '입법부'라고도 부른답니다.

그렇다면 국회에서 법은 어떻게 만들어질까요?

행정 각 부처 또는 국회 의원 10명 이상이 새로운 법을 만들자고 제안을 하면, 상임 위원회에서 그 법안을 검토한 두 찬반 토론을 해요. 만약 찬성이 많으면 그 법안은 국회 본회의로 넘어가요. 그리고 다시 의논을 한 뒤 투표를 하는데, 여기서 통과되면 법률안이 결정되지요.

정기 국회는 매년 9월 1일에 열려요. 정기 국회에서는 주로 정치적인 일에 대한 조사, 한 해의 예산 심의, 세금 문제 등을 심사하는데 100일을 넘지 않아야 해요.

그럼 국회 의원들은 1년에 100일만 일하고 나머지는 빈둥빈둥 놀까요?

물론 그렇지 않아요. 중요한 일이 있을 때 국회 의원 4분의 1이 요구하면 임시 국회가 열려요. 대통령이 임시 국회를 열자고 요구할 수도 있어요. 임시 국회는 대개 2월, 4월, 6월에 열리는데, 30일 안에 마쳐야 해요.

국회 의원들이 하는 일을 좀 더 자세히 알아볼까요? 국회 의원들은 나라의

▲국회가 열리는 국회 의사당

살림살이에 대한 결정권도 가지고 있어요.

"지금부터 각 분야 별로 올해 우리나라 살림의 예산을 짜도록 하겠습니다. 국방 예산으로는 약 35조 원이 적절하고…….."

이렇게 회의를 거쳐 예산을 짠 뒤, 그 돈을 어디에 얼마나 써야 하는지도 꼼꼼하게 심사해요. 또 정부가 하는 일도 감시해요. 한 해 동안 정부가 나랏일을 잘했는지 국정 감사를 열어서 조사하지요.

인사 청문회를 열어 장관이나 총리 후보자를 심사하기도 해요.

"지금까지 성실하게 세금을 냈습니까?"

"자신의 지위를 이용해서 뇌물을 받은 적이 없습니까?"

인사 청문회에 참석한 국회 의원들은 총리나 장관 후보가 그동안 부정부패 없이 깨끗하게 살아왔는지, 세금을 잘 냈는지 등을 묻고 적합하다고 판단되면 통과시켜 주어요.

국회 의원을 뽑는 과정

우리나라에서는 국회 의원 선거로 모두 300명의 국회 의원을 뽑아요. 그 가운데 246명은 국민 투표로 뽑지만 나머지 54명은 비례 대표로 뽑지요. 비례 대표가 뭐냐고요? 비례 대표를 알려면 우선 국회 의원 선거 투표 방식부터 알아야 해요. 국회 의원 선거를 할 때 유권자는 1인 2표를 행사해요. 자신이 지지하는 사람에게 한 표, 자신이 지지하는 정당에게 한 표를 던지지요. 투표가 끝나면 각 정당마다 선거에서 표를 얻은 만큼 계산해서 국회 의원 자리를 나누어 받아요. 그렇게 해서 뽑힌 국회 의원이 바로 비례 대표예요. 그러니까 비례 대표는 국민이 뽑은 국회 의원이 아니라 정당에서 정한 국회 의원이랍니다.

국회 의원의 임기

만 25세가 넘으면 누구나 국회 의원 선거에 출마할 수 있어요. 국회 의원이 되면 4년 동안 일할 수 있지요. 단임제인 대통령과는 달리 일을 잘하면 여러 번 국회 의원을 할 수 있어요.

국회의 회기

국회가 일정 기간 동안 열리는 것을 '회기'라고 해요. 회기가 시작되면 모든 국회 의원이 국회에 모여 여러 가지 일을 처리해요. 정기 국회의 회기는 100일, 임시 국회의 회기는 30일이지요.

국회에서는 어떻게 안건을 통과시키나요?

국회 의원은 각 지역을 대표해서 일하는 사람이에요. 그래서 자기가 대표하는 지역의 이익을 먼저 생각하지요. 도 자신이 속한 정당에 따라 생각이 다르다 보니 말다툼이 자주 일어날 수밖에 없어요. 그래서 **국회에서는 어떤 안건을 통과시킬 때 꼭 투표로 결정해요.** 투표로 결정된 내용은 모든 국회 의원이 받아들여야 하지요.

찬성이 몇 표 이상이어야 의사가 결정되는지 그 기준을 정해 놓은 것이 바로 **의결 정족수**예요. 국회의 일반 의결 정족수는 국회 의원 전체의 절반이 넘는 수인 과반수 출석에, 출석한 의원의 과반수 찬성으로 의사를 결정해요. 예를 들어 300명의 국회 의원 중 150명 넘게 출석하고, 출석한 의원 중 절반 넘게 찬성하면 의사가 결정되지요. 만약 찬성표와 반대표가 똑같을 경우에는 어떻게 될까요? 그럴 경우에는 '반대'로 결론을 내려요.

그런데 모든 일을 과반수 투표로 결정하는 건 아니에요. 특별한 일에 대해서는 그 기준이 엄격해요. 예를 들어 대통령에게 물러날 것을 요구하거나 헌법을 바꾸는 것처럼 중요한 일에는 전체 국회 의원 중 3분의 1 이상이 제안하고, 3분의 2 이상이 찬성해야 해요.

▲국회의 본회의장

상식 **의사 정족수란 무엇일까?**

의사 정족수는 회의를 열기 위해 필요한 최소한의 출석 인원을 가리키는 말이에요. 예를 들면 국회 본회의는 국회 의원의 5분의 1 이상이 출석해야 열리는데, 이때 국회 의원 5분의 1이 바로 의사 정족수예요.

국회 의원은 죄를 지어도 안 잡혀간다고요?

"김 의원님 안에 계십니까?"

"왜 그러십니까?"

"김 의원님이 뇌물을 받아 검찰에서 조사 나왔습니다."

"하지만 지금은 국회 회기 중인데요."

"그럼 조사할 수 없겠군요. 회기가 끝난 다음에 다시 오겠습니다."

국민의 대표인 국회 의원들은 하는 일이 많아요. 법도 만들어야 하고, 나라 살림도 꾸려 나가야 하고, 정부가 나랏일을 잘하고 있는지도 감독해야 하지요. 이렇게 중요한 일을 맡고 있기 때문에 법에서는 국회 의원에게 여러 가지 특권을 주고 있어요. 그중 가장 대표적인 것이 바로 '불체포 특권'과 '면책 특권'이에요.

불체포 특권은 국회 의원이 법을 어겼더라도 현행범이 아니라면 국회가 열리는 회기 동안에는 체포할 수 없다는 특권이에요. 물론 국회 회기가 끝난 뒤에는 그 책임을 물을 수 있어요. 또 국회 의원이 국회에서 일을 하며 한 말에 대해서는 책임을 묻지 않아요. 국회에서 투표를 할 때 어떤 선택을 했는지에 대해서도 문제 삼지 않지요. 이를 면책 특권이라고 해요. 국회 의원이 자유롭게 직무를 수행하기 위한 특권이지요.

국민의 대표인 국회 의원은 이런 특권 덕분에 행정부나 사법부의 눈치를 보지 않고 소신껏 일을 할 수 있답니다.

상식 국회 의원에게는 어떤 의무가 있을까?

국회 의원에게는 다른 직업을 가지면 안 되고, 나라의 이익을 먼저 생각해야 하고, 깨끗하고 청렴하게 정치를 해야 할 의무가 있어요. 또 국회 의원은 자신의 지위를 이용해서 재산을 불리면 안 된답니다.

법원에서는 어떤 일을 하나요?

옛날에 한 아기를 두고 서로 자신의 아기라며 다투던 두 여인이 지혜로운 왕 솔로몬을 찾아갔어요.

"이 아기는 제 아기입니다."

"아닙니다. 이 아기는 제 아기입니다."

두 여인은 한 발자국도 물러서지 않고 싸웠어요. 그러자 솔로몬 왕은 엉뚱한 판결을 내렸어요.

"아기를 반으로 똑같이 나누어 가져라."

그러자 둘 중 한 여인이 아기를 다치게 할 수 없다며 포기하겠다고 했어요. 이 모습을 본 솔로몬 왕은 진짜 판결을 내렸어요.

"아기를 포기한 저 여인이 진짜 엄마다."

이 이야기에 등장하는 두 여인처럼 더는 대화와 타협으로 문제를 해결할 수 없을 때 찾아가는 곳이 바로 법원(사법부)이에요. 법원에서는 법에 따라 옳고 그름을 판단하고 잘못을 저지른 사람에게는 벌을 내려요.

하지만 판결을 내리는 판사도 사람이라서 실수를 할 수 있어요. 때문에 억울하게 감옥에 가는 사람이 생길 수도 있고요. 이런 피해를 막고, 보다 공정한 재판을 하기 위해 우리나라에서는 3심제를 실시하고 있어요. 3심제란 1심, 2심, 3심 이렇게

▲ 가장 상위에 위치한 법원인 대법원

세 번까지 재판을 받을 수 있는 제도를 말해요.

우리나라에는 대법원, 고등 법원, 지방 법원 등이 있어요. 대법원은 최고 위치에 있는 법원이고, 그 밑으로 고등 법원이, 그 밑으로 지방 법원이 있어요.

1심 판결은 지방 법원에서 해요. 지방 법원은 서울을 비롯한 각 도의 주요 도시에 있는데, 다툼을 해결해 달라고 맨 처음에 소송을 하는 곳이에요. 지방 법원에서는 보통 판사 1명이 재판을 담당해요.

지방 법원에서 내린 판결을 받아들일 수 없는 사람들은 2심 판결을 담당하고 있는 고등 법원에서 다시 재판을 받을 수 있어요. 이것을 '항소'라고 해요. 고등 법원은 서울, 대구, 부산, 광주, 대전에 있는데, 고등 법원에서 재판을 할 때는 3명의 판사가 합의를 해서 판결을 내려요.

하지만 이때도 억울하다고 생각하는 사람은 또다시 재판을 받을 수 있는데 이것을 '상고'라고 해요. 3심 판결은 대법원에서 맡아요. 대법원에서 판결을 내리는 판사를 대법관이라고 하고, 대법관의 수는 14명으로 정해져 있지요.

또한 재판을 공정하게 하기 위한 세 가지 원칙도 있어요. 첫 번째는 공개 재판주의예요. 누구나 재판 방청권을 신청하면 재판이 진행되는 과정을 지켜볼 수 있어요. 두 번째는 증거 재판주의예요. 재판을 할 때는 반드시 증거를 바탕으로 판결을 내려야 해요. 세 번째는 일사부재리의 원칙으로, 법원에서 한 번 판결을 내린 사건에 대해서는 다시 판결하지 않는다는 뜻이에요.

민사 재판과 형사 재판

민사 재판은 사람들 사이에서 다툼이 벌어졌을 때 옳고 그름을 판단하는 재판이에요. 민사 재판에서 재판을 해 달라고 청구하는 사람을 '원고'라고 하고, 재판을 받는 사람을 '피고'라고 해요. 재판 결과 원고가 이길 수도 있고, 피고가 이길 수도 있어요. 민사 재판에서는 재판에서 진 사람이 이긴 사람의 요구를 들어주어야 해요.

형사 재판은 도둑질, 살인, 강도 짓 등을 해서 사회 질서를 어지럽힌 범죄자를 처벌하기 위한 재판이에요. 형사 재판에서는 검사가 원고가 되고, 죄를 지은 범죄자가 피고인이 돼요. 피고인은 재판에서 판결한 대로 형벌을 받아야 해요.

형사 재판에 등장하는 사람들

- **판사**: 재판을 주관하며 판결을 내리는 사람이에요.
- **검사**: 범죄를 수사하고, 피고인에게 형벌을 내려야 한다고 주장하는 사람이에요.
- **변호사**: 피고인을 변호하는 사람이에요.
- **피고인**: 검사에 의해 범죄를 저질렀다고 의심받는 사람이에요.

법에도 위아래가 있다고요?

1954년 온 국민의 관심은 의회에 쏠려 있었어요. 우리나라의 초대 대통령 이승만이 속한 정당인 자유당이 대통령을 여러 번 할 수 있도록 헌법을 바꾸려고 했거든요. 이때 국민들은 이렇게 생각했어요.

"헌법은 우리나라 최고의 법이야. 그러니까 자기들 마음대로 바꾸진 못할 거야."

국회 의원들의 투표 결과 이승만이 속한 자유당의 헌법 개정안은 예상대로 통과되지 못했어요. 하지만 이승만 정권은 이를 무시하고 헌법을 마음대로 바꾸고 독재 정치를 계속했어요. 그러자 국민들은 1960년 4월 19일 혁명을 일으켜 이승만 정권을 몰아냈지요.

우리가 꼭 지켜야 할 법에는 헌법, 법률, 조례, 규칙 등이 있어요. 이러한 법은 만드는 곳도 다르고 쓰임새도 각각 다 달라요.

이 중 헌법은 우리나라 최고의 법이에요. 그래서 헌법은 국회 의원들도 마음대로 고칠 수 없어요. 헌법을 고치려면 까다로운 절차를 밟아야 해요. 법률은 헌법 아래에 있는 법으로 국회에서 만들어요. 조례는 지방 의회가 만든 법이지요. 그래서 조례는 해당 지역에서만 그 힘을 발휘해요. 규칙은 지방 자치 단체나 행정 부서에서 만든 법이에요. 각 부서의 공무원들이 해야 할 일과 하지 말아야 할 일 등을 정해 놓은 것이랍니다.

상식 법률은 어떻게 구분될까?

법률은 종류에 따라 민법, 상법, 형법 등으로 나누어져요. 가족의 이혼 문제나 이웃 간의 다툼은 민법으로, 기업에서 물건을 사고팔면서 생기는 문제는 상법으로, 범죄를 저지른 사람을 처벌할 때는 형법으로 해결해요.

법이 옳은지 그른지 가려내는 곳이 어디예요?

어느 날, 시장 상인들이 국회에 새로운 법을 만들어 달라고 요구했어요.

"대형 마트가 일요일에는 영업을 하지 못하도록 법을 만들어 주세요."

그러자 국회에서는 시장 상인들을 보호하기 위해 '유통 산업 발전법'을 만들어 대기업에서 만든 대형 마트가 심야 영업과 일요일 영업을 하지 못하도록 했어요. 그러자 이번에는 대형 마트들이 들고일어났어요.

"헌법에는 모든 국민에게 직업의 자유가 보장되어 있습니다. 대형 마트의 영업을 법으로 막는 것은 헌법에 위배됩니다."

이렇게 어떤 법이나 국가 기관에서 한 일이 헌법에 어긋난다고 판단되면 어떻게 해야 할까요? 이럴 때는 헌법 재판소에서 최종적으로 옳고 그름을 판단해 주지요. 헌법 재판소는 국회에서 만든 법률이 헌법에 어긋나지는 않는지 심사하는 사법 기관이에요. 또 대통령이나 장관 등 고위 공무원이 큰 잘못을 저질러 국회에서 파면을 요구할 때 이를 심사하는 일도 해요. 그리고 정부에서 민주주의 질서를 해친다고 판단되는 정당의 해산을 요구할 때도 심판을 해 주고, 국가 기관들 사이에 다툼이 일어났을 때도 헌법 재판소에서 심판을 해 준답니다.

▲9명의 재판관으로 이루어진 헌법 재판소

 헌법 재판소의 재판관은 누가 뽑을까?

헌법 재판소의 재판관은 대통령, 국회, 대법원장이 각각 3명씩 뽑아요. 모두 9명으로 이루어져 있지요.

민주주의 국가에서는 왜 권력을 셋으로 나누나요?

옛날 로마에 권력을 함부로 휘두르는 네로라는 폭군 황제가 있었어요.

"로마 시내에 불을 질러라!"

"네? 황제 폐하! 그런 말도 안 되는⋯⋯."

"감히 내 명령을 거역하다니! 그럼 너도 불구덩이 속에 처넣어 주마."

옛날 군주제 시절에는 많은 왕이 네로 황제와 비슷한 짓을 저질렀어요. 중국의 진시황제는 백성들을 시켜 거대한 만리장성을 짓기도 했어요. 이 때문에 많은 사람이 고통을 겪었지요. 미국의 제4대 대통령인 제임스 메디슨은 이런 문제를 해결할 방법을 찾았어요.

"인간의 욕심은 끝이 없습니다. 따라서 소수의 지배자가 국가의 권력을 모두 차지하지 못하도록 해야 합니다. 그러려면 정치권력을 입법부, 사법부, 행정부로 나누고, 이 세 권력이 서로 견제와 균형을 이루게 해야 합니다."

이때부터 **민주주의 국가의 권력은 행정부, 입법부, 사법부에서 나누어 가지게 되었어요.** 나라를 운영하는 일은 행정부가, 법을 만드는 일은 입법부가, 법에 따라 재판을 하는 일은 사법부가 맡아 하지요.

이렇게 세 국가 기관이 권력을 나누어 가지고 서로 견제하기 때문에 민주주의 사회에서는 어느 한 기관이나 한 사람이 함부로 권력을 휘두를 수 없어요. 이렇게 국가 기관의 권력을 셋으로 나누어 놓은 것을 **삼권 분립**이라고 해요.

상식 행정부, 입법부, 사법부를 다른 말로 뭐라고 할까?

행정부는 다른 말로 '정부'라고 하고, 입법부는 '국회', 사법부는 '법원'이라고 해요. 이 세 국가 기관은 서로 견제하는 동시에 함께 힘을 모아 나라를 이끌어 가요.

3장 국민들의 정치 참여

여당과 야당은 어떻게 다른가요?

이익 단체는 자기들의 이익만 생각한다고요?

시민 단체는 어떤 일을 하나요?

여론은 어떤 역할을 하나요?

지방 자치 제도가 무엇인가요?

님비 현상은 왜 일어날까요?

외교관은 무슨 일을 하나요?

여당과 야당은 어떻게 다른가요?

국회 의원 선거에 출마하기로 결심한 김민구 씨는 동네 어르신에게 조언을 구했어요.

"어르신, 제가 이번에 국회 의원 선거에 나가기로 했습니다. 가장 먼저 무엇을 해야 할까요?"

"자네 지금 소속된 정당이 있나?"

"아니요. 아직 소속된 정당은 없는데요."

정치에 관해 비슷한 생각을 가진 사람들이 만든 단체를 '정당'이라고 해요. 한 사람보다는 여러 사람이 힘을 합치면 정치의 뜻을 더 효과적으로 펼칠 수 있어요. 그래서 사람들은 정당을 만들어 정치 활동을 해요.

"그럼 먼저 자네와 뜻이 맞는 정당에 가입하게. 예를 들어 우리 동네에 필요한 시설을 지어야 한다고 해 보세. 한 사람이 말하는 것보다는 정당이 말하는 게 좀 더 효과적이지 않겠나?"

"어르신, 그럼 제가 어떤 정당에 가입하는 게 좋을까요?"

"그건 자네가 알아서 할 일이지만 무조건 여당에 가입하는 게 좋은 건 아니라네. 선거 결과에 따라 지금의 여당이 야당이 될 수도 있으니까."

정치 얘기를 할 때 빠지지 않고 등장하는 게 바로 여당과 야당이에요. 도대체 여당은 뭐고, 야당은 뭘까요?

우리나라에서 여당은 대통령을 당선시킨 정당을 가리켜요. 그리고 야당은 여당을 제외한 나머지 정당을 가리키지요. 여당은 권력을 쥐고 적극적으로 정책을 추진해요. 반면에 야당은 정부와 여당의 정책을 감시하는 역할을 해요. 여당은 계속 권력을 쥐기 위해 노력하고, 야당은 다음 선거 때 자기네 당에서 대통령을 당선시키기 위해 노력하지요.

정당의 가장 큰 목적은 정치권력을 차지하는 거예요. 그래서 정당에서는 대통령 후보와 국회 의원 후보를 내세워 당선이 되도록 힘써요.

정당은 선거에서 이기는 것을 아주 중요하게 생각해요. 왜냐하면 선거에서 이겨 자기네 당에서 대통령이 나오거나 국회 의원을 많이 당선시키면, 법을 만들고 정책을 펼치기에 유리하거든요.

우리나라에서는 누구나 정당을 만들 수 있고 누구나 정당에 가입할 수 있어요. 일반 국민들도 자신과 뜻이 같은 정당에 가입할 수 있지요. 당원이 되면 자신이 가입한 당의 정치인들이 선거에 당선되도록 선거 운동을 하거나 선거 후원금을 낼 수 있지요.

하지만 정당을 만들려면 몇 가지 조건을 갖추어야 해요. 먼저 일정한 기준을 만족시키는 '지구당'을 만들어야 해요. 그 다음에 '중앙당'을 만들어 중앙 선거 관리 위원회에 등록해야 정당으로 인정받을 수 있답니다. 지구당은 각 지역에 설치된 정당의 조직을 말해요. 그리고 중앙당이란 지구당들을 대표해 만들어진 정당의 중앙 조직이에요.

단, 각 지구당은 5개 이상 시·도에 나누어 설치해야 하고, 당원이 30명 이상 있어야 해요. 중앙당에는 20명 이상의 당원이 있어야 하지요.

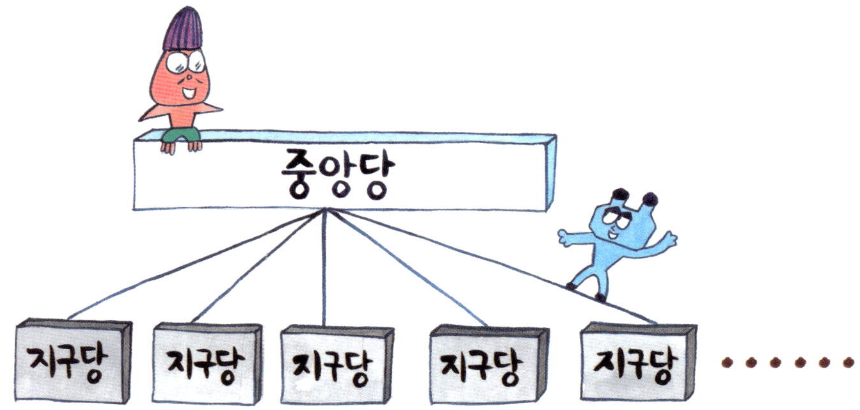

3개 이상의 정당이 경쟁하는 다수 정당제(다당제)

우리나라, 프랑스, 이탈리아, 독일 등은 '다수 정당제'를 채택하고 있어요. 다수 정당제는 3개 이상의 정당이 엇비슷한 힘으로 경쟁하는 경우를 말해요. 당이 여러 개라서 국민들의 다양한 생각을 정치에 반영할 수 있다는 장점이 있어요. 그러나 지나치게 많은 당이 서로 자기주장만 앞세우다 보면 나라가 혼란스러워질 염려가 있지요.

다수 정당제는 복수 정당제라고도 하는데, 선거 때가 되면 여러 정당이 자유롭게 새로 생겼다가 없어지기도 해요.

2개의 정당이 힘을 나누어 가지는 양당제

2개의 정당이 힘을 나누어 가지는 경우를 '양당제'라고 해요. 물론 양당제라고 해서 정당이 딱 2개만 있는 건 아니고, 2개의 정당이 정치권력의 대부분을 차지하는 경우를 말해요. 미국과 영국은 양당제를 택하고 있어요. 영국은 보수당과 노동당이, 미국은 민주당과 공화당이 양대 정당을 이루고 있지요.

양당제의 장점은 양대 정당이 책임감을 가지고 정치를 한다는 점이에요. 하지만 국민의 다양한 생각을 정치에 반영하지 못한다는 단점을 가지고 있지요.

이익 단체는 자기들의 이익만 생각한다고요?

어느 날, 정부에서 회의가 열렸어요.

"약사, 변호사, 의사 같은 고소득 전둔직 사람들은 돈을 많이 법니다. 그런데 그중 일부가 세금을 올바르게 내지 않아서 큰 문제입니다."

"그럼 내년부터 세무 검증제를 도입하는 게 어떨까요?"

"세무 검증제라고요?"

"연간 수익이 5억 원을 넘는 사람은 소득세를 신고하기 전에 스스로 세무사나 회계사에게 정확성을 검증받도록 하는 제도입니다. 이렇게 하면 탈세를 줄일 수 있을 겁니다."

이 소식이 알려지자 대부분의 국민들은 환영했어요.

"맞아, 고소득자들의 탈세를 막으려면 그렇게 해야 해."

하지만 대한 변호사 협회와 의사 협회 등의 이익 단체가 들고일어났어요.

"왜 우리만 그런 부당한 대우를 받아야 합니까? 그럴 수 없습니다."

결국 이 개편안은 국회 심의 과정에서 슬그머니 사라져 버렸어요.

이익 단체란 자신들의 이익을 보호하기 위해 같은 생각을 가진 사람들이 모여 만든 단체예요. 의사 협회, 대한 변호사 협회 등이 대표적이지요. 이들은 단체 활동을 통해 정부에 직접적인 압력을 가해서 정책에 영향을 끼쳐요. 또한 국민 전체의 이익보다는 자기네 단체의 이익을 먼저 생각하지요. 그래서 사회에 혼란을 가져오기도 한답니다.

상식 이익 단체는 나쁜 단체일까?

민주주의 사회에서는 입장이 서로 다른 다양한 사회 구성원의 목소리가 뒤섞이게 마련이에요. 따라서 이익 단체들의 활동이 나쁘기만 한 건 아니에요. 이익 단체가 대화와 타협을 통해 문제를 해결하려고 노력하면 사회 통합 및 발전에 도움이 될 수도 있어요.

시민 단체는 어떤 일을 하나요?

만화 영화를 보면 가끔 위기에 처한 주인공들이 똘똘 뭉쳐 악당을 물리쳐요. 현실 세계에서도 여럿이 모여 큰 힘을 발휘하고는 하지요.

예를 들어 여러분이 환경 문제에 관심이 많다고 생각해 보세요. 혼자 길거리에 나가 "환경을 사랑합시다!"라고 외치고 다녀야 할까요? 아니면 인터넷에 '환경을 파괴하지 맙시다.'라는 글을 올려야 할까요? 아마 혼자서는 원하는 목적을 이루기 힘들 거예요. 이럴 때 환경 시민 단체에 가입해서 활동하면 좀 더 큰 효과를 얻을 수 있어요. 환경 시민 단체는 환경을 사랑하는 사람들이 모여 활동하는 곳이기 때문에 좀 더 효과적으로 여러분의 생각을 다른 사람에게 전달할 수 있지요.

시민 단체는 국가가 미처 신경 쓰지 못하는 사회 여러 분야의 문제를 해결하기 위해 시민들이 스스로 모여서 만든 단체예요. 문제점을 널리 알리고, 정부에게 이를 해결하도록 요구하는 일을 해요. 환경, 정치, 경제, 사회, 복지 등 다양한 분야에서 활발한 활동을 벌이지요. 정부 기관이 아닌 순수 민간단체라는 뜻으로 '비정부 기구(NGO)'라고도 해요.

상식 시민 단체에는 어떤 것들이 있을까?
- 정치 안정 및 경제 활동: 경실련, 참여 연대, 정치 개혁 시민 연대 등
- 사회 복지: 사랑의 장기 기증 운동 본부, 백혈병 어린이 후원회 등
- 환경·교통: 녹색 연합, 환경 운동 연합 등
- 여성·청소년: 청소년 폭행 예방 재단 등
- 소비자 생활: 녹색 소비자 연대, 우리 농산물 살리기 운동 본부 등
- 교육·문화: 참교육을 위한 전국 학부모 회의 등
- 자원 봉사: 사랑의 먹거리 나누기 운동 본부 등

여론은 어떤 역할을 하나요?

"지금까지는 소득이 낮은 가정의 학생에게만 무료 급식을 주었습니다. 이제부터는 모든 초·중학생에게 무료로 급식을 제공해야 합니다."

한 국회 의원의 제안에 정부 관계자들은 고개를 설레설레 저었어요.

"잘사는 가정의 학생에게까지 급식비를 지원하는 것은 세금 낭비입니다. 그러면 다른 교육 예산이 줄어들 수밖에 없습니다."

하지만 무상 급식을 원하는 국민들도 많았어요.

"무상 급식을 하면 가정에 큰 도움이 될 거예요."

"요즘 생활비도 많이 드는데 정부에서 무상 급식을 하면 돈을 절약할 수 있을 것 같아요."

이런 여론이 신문과 뉴스를 통해 보도되었지요. **여론이란 어떤 공공의 문제에 대해 가장 많은 사람이 가지고 있는 생각이나 의견**이에요. 그러자 정부와 지방 자치 단체에서도 여론에 차츰 귀를 기울이기 시작했어요.

"여론이 그렇다면 무상 급식 정책에 대해 다시 한 번 차근차근 검토하도록 합시다."

이처럼 **민주주의 국가의 정책 결정에 가장 큰 영향을 끼치는 것은 여론**이에요. 민주주의 국가에서는 정치가 국민들의 의견에 따라 이루어져야 하니까요. 그래서 오늘날의 민주 정치를 '여론 정치'라고도 해요.

상식 언론이란 무엇일까?

언론은 텔레비전, 신문, 라디오, 잡지, 인터넷 등의 매체를 통해 어떤 사실을 밝혀 사람들에게 알리는 활동을 말해요. 어떤 문제에 대해 여론을 형성하는 데 큰 영향을 미치지요.

지방 자치 제도가 무엇인가요?

어느 날, 미국에서 광우병에 걸린 소의 고기가 수입되었다는 이야기가 들려왔어요. 그러자 경기도 주민들은 아이들이 걱정되었어요.

"우리 아이들은 학교 급식으로 나오는 쇠고기 반찬을 꺼려요."

"이렇게 걱정만 할 게 아니라 힘을 모아 조례를 개정하는 건 어떨까요?"

"그거 좋은 방법이네요. 조례를 개정해서 학교 급식에 한우만 공급하도록 하면 더는 걱정하지 않아도 되잖아요."

이렇게 해서 10만 명 이상의 경기도 주민들의 발의로 '학교 급식 지원에 관한 조례'가 개정되었어요. 이 조례에는 '2012년부터 모든 경기도 학교 급식에 1등급 한우 고기를 공급한다.' 등의 내용이 들어 있어요.

조례는 법만큼 강한 효력이 있는 것은 아니에요. 하지만 조례를 만든 지방 자치 단체 안에서는 법에 가까운 힘이 있어요. 이렇게 **지역 주민들이 스스로 조례를 만들고, 자신들이 살고 있는 지역의 문제를 스스로 해결하는 제도를 지방 자치 제도**라고 해요. 각각 다른 환경에서 살고 있는 지역 주민에게 무조건 똑같은 법이나 제도를 적용시키기는 힘들어요. 그래서 생긴 제도가 바로 지방 자치 제도이지요. 우리나라에서는 지방 자치 제도에 따라 각 지역에서 스스로 해결할 수 있는 일들은 도지사, 시장, 구청장, 군수 같은 지방 자치 단체장들이 앞장서서 처리하고 있어요.

상식 기초 자치 단체와 광역 자치 단체란 무엇일까?

지방 자치 단체는 기초 자치 단체와 광역 자치 단체로 나눌 수 있어요. 광역 자치 단체는 특별시와 광역시, 도를 말하고, 기초 자치 단체는 광역 자치 단체를 제외한 시, 군, 구를 말해요.

님비 현상은 왜 일어날까요?

경기도가 ○○시에 화장터를 짓기로 했다는 뉴스가 발표되자 ○○시 시민들은 "우리 동네에는 그런 혐오 시설을 지을 수 없다!"며 들고일어났어요. 그러자 경기도에서는 △△시에 화장터를 짓게 해 달라고 부탁했어요. 하지만 △△시의 주민들도 반대했어요. 이렇게 모두 자기 동네에는 화장터를 지을 수 없다고 우기는 바람에 경기도에서는 아직 화장터를 지을 적당한 곳을 찾지 못하고 있어요. 시체를 불에 태워 장례를 치르는 장소인 화장터는 꼭 필요한 시설인데도 말이지요.

쓰레기 소각장이나 납골당, 화장터처럼 공공의 이익을 위해 꼭 필요한 시설이지만 자기가 사는 지역에는 이득이 안 되니 건설하는 것을 반대하는 현상을 '님비(NIMBY) 현상'이라고 해요. 님비는 '내 뒷마당에는 안 된다(Not in My Backyard).'라는 뜻의 영어 앞 글자를 따서 만들어진 말이에요. 지역 이기주의 때문에 생기는 현상이지요. 물론 자기가 사는 지역의 환경을 지키려고 하는 것은 당연해요. 하지만 자기 지역은 안 되고 다른 지역은 된다는 생각은 좀 곤란하지요. 정부나 지방 자치 단체에서도 님비 현상을 해결하기 위해 적극적으로 나서야 해요. 예를 들어 쓰레기 소각장을 짓게 협조한 지역에는 세금을 줄여 준다거나 도서관을 지어 주는 등의 혜택을 주고 적절한 보상을 해 주는 거예요.

상식 핌피 현상이란 무엇일까?

핌피(PIMFY)는 'Please in My Front Yard'를 줄인 말로 "우리 집 앞마당에 해 주세요."라는 뜻이에요. 자기가 사는 동네에 이익이 되는 시설을 세우기 위해 서로 싸우는 지역 이기주의를 가리키는 말이지요.

외교관은 무슨 일을 하나요?

외교관은 우리나라를 대표해서 해외에 나가 정부를 대신하는 일을 해요. 얼마 전부터 일본이 동해를 일본해로 표기해야 한다는 터무니없는 주장을 하고 있어요.

"한국과 일본 사이에 있는 바다는 일본해라고 불러야 한다."

이런 일본 정부의 발표가 나자마자 일본에 있는 한국 대사관의 대사는 일본 정부를 항의 방문했어요.

"한국과 일본 사이에 있는 바다를 일본해라고 표기하는 건 잘못된 일입니다."

이런 일뿐만 아니라 외교관은 해외에 나가 있는 우리 국민의 안전을 책임지는 일도 하고 있어요.

"뭐요? 우리나라 국민이 탄 차가 인도에서 사고를 당했다고요?"

인도 대사관의 외교관들은 재빨리 사고 현장으로 달려갔어요. 인도 대사는 외교관들에게 말했어요.

"다친 사람은 빨리 병원으로 옮기고, 한국의 가족들에게 이 사실을 알리도록 하세요. 그리고 사건이 일어난 원인을 최대한 빨리 알아내도록 하십시오."

이처럼 외교관은 외국에서 우리나라 정부를 대신해서 여러 가지 일을 해요. 우리나라 기업이 해외에 진출할 수 있도록 힘쓰고, 외국에서 우리 국민이 인질로 잡힐 경우 안전하게 보호하고 구출하는 역할도 해요. 또한 외교관은 자신이 부임한 나라에 살고 있는 우리 국민을 위해 각종 증명서를 발급해 주고, 출생 및 혼인 신고를 해 주기도 해요.

요즘은 교통과 통신의 발달로 세계가 점점 더 가까워지고 있어요. 비행기를 타면 세계 어디든 갈 수 있고, 인터넷에 접속하면 전 세계의 소식을 쉽게 접할 수 있지요.

이에 따라 정치, 경제, 사회, 문화 등 다양한 분야에서 각 나라들 간의 교류도 점점 활발해지고 있어요. 다른 나라와 교류하지 않는 나라는 점점 고립되어 가고 있지요.

우리나라는 북한과 휴전선을 사이에 두고 대치하고 있는, 세계에서 하나뿐인 분단국가예요. 그래서 전쟁이 일어나는 것을 막기 위해 미국, 일본, 중국 등 주변 나라들과 긴밀한 관계를 맺고 있어요. 평화 통일을 위해 북한과도 대화를 계속하려고 노력하고 있지요.

또 자동차나 컴퓨터, 텔레비전 등의 제품을 좀 더 많이 수출하기 위해 다른 나라 정부와 긴

▲외국의 외교부 장관과 회담하는 우리나라 외교 통상부 장관(왼쪽)

밀한 관계를 맺고 있고요. 이 밖에도 우리나라에서 만든 드라마나 영화, 노래 등을 다른 나라에 소개하는 등 다양한 노력을 기울이고 있어요.

이처럼 오늘날 각 나라는 자기 나라의 이익을 위해 서로 협력하고 있는데 이를 가리켜 '국제 외교'라고 해요. 지금 이 시간에도 우리나라의 외교관들은 우리나라의 이익을 위해 세계를 상대로 국제 외교를 하고 있어요.

외교관은 세계인을 상대로 일을 하기 때문에 정치, 경제, 사회, 문화, 법 등 다양한 분야에 지식을 가지고 있어야 해요. 영어, 중국어 등 외국어를 잘해야 하는 것은 물론이겠지요.

쏙쏙 파헤치는 호기심 정치

국제 연합(UN)

국제 연합은 1945년에 50여 개 국가의 대표들이 모여 전쟁을 막고 세계 평화를 지키기 위해 만든 국제기구여요. 지금은 대부분의 나라가 국제 연합의 회원국이며 본부는 뉴욕에 있지요.

한국인 최초 국제 연합 총장, 반기문

여러 나라에서 오랫동안 외교관 일을 해 온 반기문은, 2007년 한국인 최초로 제8대 국제 연합 사무총장에 취임했어요. 전 세계의 평화와 행복을 위해 일을 하는 국제기구인 국제 연합의 사무총장은 '지구촌 대통령'이란 별칭으로 통한답니다.

대사, 공사, 영사

- **대사**: 외교관 가운데 직책이 가장 높아요. 대사관이 설치되어 있는 나라에 파견되어 정부를 대신해서 일을 해요.
- **공사**: 대사보다 지위가 낮지만 거의 비슷한 일을 해요. 주로 외교 관계가 활발하지 않은 나라에 대사 대신 파견되지요.
- **영사**: 외국에서 자기 나라 국민을 보호하는 것이 주요 임무여요. 대사나 공사처럼 정치적인 일을 하지 않기 때문에 정식으로 외교 관계를 맺지 않은 나라에도 파견될 수 있어요.

4장 경제생활과 올바른 선택

경제가 무엇인가요?

어린이도 경제 활동을 한다고요?

다이아몬드는 왜 돌보다 비쌀까요?

왜 합리적인 선택을 해야 할까요?

왜 빵은 먹으면 먹을수록 맛이 없어질까요?

이 세상에 공짜는 없다고요?

경제가 무엇인가요?

쉬이이잉
음, 오랜만에 다시 지구를 찾았군.
예!
이번 임무는 지구의 경제에 대해 알아 오는 거다.
알겠습니다!
안녕
예, 알겠습니다.
???
그런데 경제가 뭐지?
꽝
생산, 분배, 소비는 또 뭐냐. 아이고, 머리 아파.
아이고, 대장님~

지우는 내일까지 경제의 의미에 대해 조사해 오라는 숙제를 받았어요.

그날 저녁, 아빠가 퇴근하자마자 지우는 아빠에게 조르르 달려갔지요.

"아빠, 경제가 뭐예요?"

"뜬금없이 경제가 뭐냐니?"

아빠는 넥타이를 풀며 지우에게 되물었어요.

"학교 숙제인데 경제가 뭔지 간단하게 설명해 주실 수 있어요?"

"그럼. 아주 간단하게 설명해 주마. **경제는 자원을 활용해서 생산, 분배, 소비를 하는 모든 행위를 가리키는 말이야.** 어때, 간단하지?"

"그래도 숙제인데 조금만 더 자세히 설명해 주세요."

"알았다. '생산'은 물건이나 서비스 등의 새로운 가치를 만들어 내는 활동을 말하고, '소비'는 욕망을 채우기 위해 돈이나 시간 등을 쓰는 것을 말해. 그리고 '분배'는 생산에 참여한 대가를 나누어 가지는 것을 말한단다."

좀 더 쉽게 예를 들어 설명하면 공장에서 컴퓨터를 만드는 것은 생산이고, 컴퓨터를 만드는 직원들에게 공장에서 월급을 주는 것은 분배예요. 그리고 그 컴퓨터를 사는 것은 소비이지요. 경제는 이렇게 생산, 분배, 소비가 끊임없이 이루어지는 과정이라고 할 수 있어요.

상식　생산의 3요소란 무엇일까?

무엇인가를 생산하려면 토지(장소), 노동(노동력), 자본(돈)이 꼭 필요해요. 그래서 이 세 가지를 생산의 3요소라고 해요. 이 중 어느 한 가지라도 빠지면 생산을 할 수 없어요.

어린이도 경제 활동을 한다고요?

오늘은 아빠의 월급날이에요. 아빠가 현관문을 열자마자 지우는 용돈을 타려고 손을 내밀었어요.

"지난주에 준 용돈을 벌써 다 썼니?"

"네. 곰 인형하고 필통을 사는 데 썼어요."

아빠가 지갑을 꺼내자 엄마가 지우에게 싫은 소리를 했어요.

"아빠는 돈 버느라 매일 경제 활동을 하는데, 지우는 매일 쓰기만 하고. 언제 커서 경제 활동을 하려나……."

"하하하, 여보! 지우도 지금 경제 활동을 하고 있는 거야."

지우 아빠의 말처럼 곰 인형이나 필통을 사는 것도 경제 활동이에요. 또한 **가계의 한 구성원으로서 소비 활동을 하는 어린이도 경제 활동을 하는 주체랍니다. 경제 활동의 주체는 가계, 기업, 정부로 이루어져요.** 가계란 경제에서 '가정'을 뜻하는 말이에요. 기업은 가계에 재화와 서비스를 제공해요. 가계는 돈을 주고 기업으로부터 재화와 서비스를 제공받지요. 정부는 가계와 기업으로부터 세금을 거두는 대가로 가계와 기업에 공공재를 제공해요. 공공재는 도로, 하천, 항만 등과 같이 사람들이 공동으로 사용하는 물건이나 시설을 말해요. 이처럼 경제 주체 사이에서 이루어지는 경제 활동은 사회생활의 바탕이 되지요.

상식 재화와 서비스란 무엇일까?

재화란 책, 옷, 휴대 전화, 자동차 등과 같이 사람들이 사용하면서 만족감을 얻는 물건을 말해요. 그리고 서비스는 선생님의 수업이나 버스 운전기사 아저씨의 운전과 같이 구체적인 형태는 없지만, 사람들에게 편리함을 주고 욕구를 채워 주는 행위를 말해요.

다이아몬드는 왜 돌보다 비쌀까요?

처음 다이아몬드가 발견된 인도에서는 아주 재미있는 일이 벌어졌어요.

"어, 반짝이는 이 예쁜 돌은 뭐지?"

"우리 이 돌로 공기놀이하자."

어느 날, 한 상인이 아이들이 가지고 노는 다이아몬드를 발견하고 깜짝 놀랐어요.

"오! 이 돌은 처음 보는 돌인데, 아주 비싼 가격에 팔 수 있겠어."

"이 돌을요? 어떻게요?"

"이건 우리가 흔히 볼 수 있는 돌이 아니잖니. 무엇이든 귀하면 비싸게 팔 수 있단다."

▲ 귀한 보석인 다이아몬드

가치를 결정하는 기준은 '귀하냐, 흔하냐'예요. 귀하면 값이 비싸고 흔하면 값이 싸지요. 다이아몬드의 값이 아주 비싼 건 귀하기 때문이에요.

사람의 욕심은 끝이 없어요. 하지만 가질 수 있는 것은 한정되어 있지요. 제아무리 부자라고 해도 갖고 싶은 걸 다 가질 수는 없거든요. 지구상에 있는 모든 것에는 한계가 있으니까요. 이 한계를 경제에서는 희소성이라고 해요. 모든 경제 문제는 바로 이 희소성 때문에 생겨요. 보통 희소성이 크면 가격이 비싸고, 희소성이 작으면 가격이 싸요.

상식 희소성은 어떤 특징을 가지고 있을까?

희소성은 늘 변해요. 어떤 자원의 양이 적지만 그것을 원하는 사람들 또한 적다고 생각해 보세요. 이런 경우에는 희소하다고 말하지 않아요. 또 같은 재화도 어떤 시대와 장소에 놓이느냐에 따라 희소하기도 하고, 그렇지 않기도 해요.

왜 합리적인 선택을 해야 할까요?

옛날에 생각하는 것을 좋아하는 당나귀가 살았어요. 이 당나귀는 무엇이든 깊이 생각하는 습관이 있었어요.

어느 날, 며칠 동안 아무것도 먹지 못한 당나귀는 지쳐 쓰러지기 직전에 건초더미 두 덩어리를 발견했어요. 당나귀는 깊이 생각해 보았어요.

"둘 다 맛있어 보이는데 어느 것을 먹을까? 오른쪽에 있는 건초더미를……. 아니야, 왼쪽에 있는 건초더미가 더 맛있어 보여. 아니지……."

어느 것을 선택할까 망설이던 당나귀는 결국 굶어 죽고 말았어요. 이 이야기는 선택의 어려움에 대해 말하기 위해 프랑스의 한 철학자가 지어낸 이야기예요.

자원의 희소성 때문에 우리는 좋든 싫든 늘 선택을 해야 하는 상황에 놓이게 돼요. '용돈을 어디에 쓸까? 어떤 물건을 살까?' 하는 식으로 늘 고민하게 되지요. 기업도 마찬가지예요 '어떤 신제품을 만들어야 할까? 광고 모델은 누구로 하는 게 좋을까?' 등 늘 선택을 해야 하지요. 이때 **부족한 자원을 사용해서 최대한 만족을 얻으려면 합리적으로 선택하는 것이 중요해요.**

그럼 어떤 것이 합리적인 선택일까요? 그것은 바로 가장 적은 비용으로 가장 큰 만족을 얻을 수 있는 것을 선택하는 것이랍니다.

상식 선택에 도움을 주는 정보는 어떻게 얻어야 할까?

선택에 필요한 정보는 상품 광고지, 텔레비전, 신문 광고, 인터넷, 부모님이나 주위 사람들로부터 얻을 수 있어요. 이 가운데 가장 쉽고 간편하게 정보를 얻을 수 있는 방법은 인터넷을 이용하는 방법이에요.

 왜 빵은 먹으면 먹을수록 맛이 없어질까요?

옛날에 떡을 아주 좋아하는 떡보가 살고 있었어요. 하지만 집이 너무 가난해서 떡을 먹을 기회가 별로 없었지요.

"아, 배가 터지도록 떡을 먹을 수 있다면 얼마나 좋을까?"

그때 마을 이장님이 떡보에게 물었어요.

"떡보야, 떡을 얼마나 많이 먹으면 네 기분이 좋아질 것 같으냐?"

"한 20개쯤이면 될 것 같아요."

이장님은 떡보에게 떡 20개를 사 주었어요. 떡보는 신이 나서 떡을 우걱우걱 먹었어요. 처음에는 아주 맛있었어요. 그런데 이게 어떻게 된 일일까요? 10개쯤 먹었더니 그토록 먹고 싶던 떡을 이제 그만 먹고 싶어진 거예요. 처음 먹을 때보다 맛도 없게 느껴졌지요.

이렇게 어떤 재화를 소비하면 할수록 만족감이 점점 줄어드는 것을 한계 효용 체감의 법칙이라고 해요. 효용이란 재화를 소비함으로써 얻는 심리적인 만족도를 말하지요. 그리고 한계 효용이란 소비하는 재화의 마지막 단위가 가지는 효용을 말해요.

한계 효용 체감의 법칙은 대부분의 소비에 적용돼요. 아무리 맛있는 음식도 자꾸 먹다 보면 질리고, 아무리 좋은 물건도 너무 많이 가지게 되면 점점 좋은 줄 모르게 된답니다.

상식 피해야 할 소비에는 어떤 것이 있을까?

과시 소비, 모방 소비, 의존 소비, 충동 소비는 피해야 해요. 과시 소비는 남에게 잘 보이려고 하는 소비, 모방 소비는 다른 사람들이 사니까 덩달아 사는 소비, 의존 소비는 광고만 믿고 물건을 사는 소비, 충동 소비는 계획 없이 충동적으로 물건을 사는 소비를 말해요.

이 세상에 공짜는 없다고요?

미국의 서부 개척 시대 때 이야기예요. 술집 주인이 가게 앞에서 길게 한숨을 쉬고 있었어요.

"후유, 낮에는 왜 이렇게 장사가 안되지?"

그러자 옆집 식당 주인이 말했어요.

"누가 낮부터 술을 마시겠나? 낮에는 장사가 잘 안되는 게 당연하지."

"무슨 좋은 방법이 없을까?"

"글쎄, 밤에 술을 얼마 이상 마시면 다음 날 공짜로 점심을 준다고 광고를 내 보게."

"공짜로 점심을 준다고? 에이, 그렇게 해서 어떻게 돈을 벌어?"

▲ 대형 마트에서 시식하는 사람들

"쯧쯧, 하나만 알고 둘은 모르는구먼. 누가 그냥 공짜로 점심을 준다고 했나? 밤에 술을 얼마 이상 마시면 공짜로 준다고 했지. 잘 생각해 보게. 공짜로 점심을 먹으려는 사람은 밤에 자기가 마시려고 했던 양보다 술을 더 많이 마실 거야. 그러니까 점심값은 이미 술값에 포함되어 있는 셈이지."

"아! 그런 좋은 방법이 있었다니."

이때부터 미국 사람들 사이에서는 "공짜 점심은 없다."라는 말이 유행했다고 해요. 공짜가 없는 건 지금도 마찬가지예요. 대형 마트에 가면 무료 시식도 할 수 있고, 샘플도 받을 수 있어요. 여러분은 아마 이런 게 다 공짜라고 생각했을 거예요. 하지만 따져 보면 사실은 공짜가 아니에요. 시식하는 물건 값이나 샘플 값은 제품을 알리기 위한 홍보비로 이미 제품 가격에 포함되어 있거든요.

한마디로 이 세상에 공짜는 없어요. 누구든 갖고 싶은 것을 얻기 위해서는 무언가 대가를 치러야만 해요.

슈퍼마켓에서 어떤 과자를 사야 할지 고민해 본 적이 있을 거예요. 주머니에는 1,000원밖에 없는데 초콜릿과 아이스크림을 둘 다 먹고 싶어요. 이때 아이스크림을 선택했다고 생각해 볼까요? 아이스크림을 사는 기쁨이 있으면, 동시에 초콜릿을 사지 못한 슬픔도 있을 거예요.

우리는 모든 것을 다 가질 수 없기 때문에 날마다 무언가를 선택하고, 다른 무언가를 포기하며 살아가요. 이처럼 여러 가지 중에서 하나를 선택하느라고 포기한 다른 것의 가치를 경제에서는 기회비용이라고 해요.

하나만 더 예를 들어 볼게요. 지금 막 공부를 하려고 하는데 친한 친구에게 전화가 걸려 왔다고 생각해 보세요.

"○○아, 우리 영화 보러 가자."

"아직 숙제를 하지 못했는데……."

한참 동안 갈등한 끝에 여러분은 결국 친구와 함께 영화를 보았어요. 영화가 끝나고 늦게 집에 돌아오자 숙제는 산더미같이 쌓여 있고, 공부할 시간은커녕 숙제할 시간도 모자랐어요. 이럴 때는 여러분이 영화를 보기 위해 포기한 공부 시간이 기회비용이 되는 거예요.

따라서 둘 중 하나를 선택해야 한다면, 포기하면 잃게 되는 손실이 더 큰 쪽을 선택하는 것이 바람직해요.

가격 차별

백화점이나 인터넷 쇼핑몰에 가서 보면 가끔 할인 판매를 해요. 왜 처음부터 할인 판매를 하지 않을까요? 그 이유는 가격이 비싸도 살 사람에게는 비싸게 팔고, 가격이 비싸면 사지 않을 사람에게는 나중에 싸게라도 파는 것이 이익이기 때문

▲가격 차별의 한 예인 할인 판매

이에요. 이와 같이 같은 상품에 대해 생산비가 똑같은데도 서로 다른 가격을 정하는 것을 경제학에서는 '가격 차별'이라고 해요.

희망 소비자 가격

희망 소비자 가격은 제조 업체가 대형 마트나 슈퍼마켓, 일반 소매점 등에 물건을 공급하면서 '소비자들한테 이 정도 값에 팔았으면 좋겠다.'라고 제시하는 가격이에요. 그런데 왜 그냥 '소비자 가격'이라고 하지 않고 '희망'이라는 말을 덧붙였을까요? 희망 소비자 가격은 한계를 정해 놓은 가격이라고 할 수 있어요. 따라서 희망 소비 자 가격보다 싼 가격으로는 물건을 팔 수 있지만, 그보다 비싼 가격으로는 팔 수 없답니다.

 5장 · 시장과 기업이 하는 일

자원이 이리저리 이동을 한다고요?
시장은 왜 생겨났나요?
물건값은 왜 오르락내리락하나요?
돈은 어떻게 생겨났나요?
이 세상에 돈이 넘쳐나면 좋겠다고요?
나라마다 왜 쓰는 돈이 다른가요?

왜 신용을 잘 지켜야 할까요?
은행에서는 왜 사람들에게 돈을 빌려 주나요?
학교 앞 떡볶이집도 기업이라고요?
기업에서는 왜 주식을 발행하나요?
같은 물건인데 왜 가격이 다른가요?
기업이 경쟁을 하면 소비자는 춤을 춘다고요?
왜 가격을 똑같이 정하면 안 되나요?

자원이 이리저리 이동을 한다고요?

어떤 사람이 오랫동안 무인도에서 살다가 탈출하는 데 성공했어요. 그런데 얼마 뒤 폭풍을 만나 또 다른 무인도로 가게 되었어요. 그 무인도는 바나나만 많은 곳이었어요. 배가 고팠던 그 사람은 허겁지겁 바나나를 실컷 먹었어요.

하지만 얼마 뒤 그 사람은 바나나를 휙 집어 던지며 투덜거렸어요.

"바나나는 이제 질렸어. 사과, 귤, 딸기, 수박처럼 맛있는 과일이 골고루 열려 있는 무인도로 왔으면 얼마나 좋았을까?"

하지만 기후와 토양이 모두 제각각인데 모든 과일이 주렁주렁 열려 있는 무인도가 이 세상에 있을 리 없지요.

우리가 사용할 수 있는 자원도 이와 마찬가지예요. **자원은 인간 생활에 유용하게 쓰이는 모든 것을 가리켜요.** 석탄, 석유, 토지, 산림, 태양, 물, 천연가스 등 무언가를 만드는 데 사용되는 기본적인 원료를 좁은 의미의 자원이라고 하지요. 그리고 무언가를 만드는 데 필요한 사람의 노동력이나 기술, 종교와 전통, 사회 조직같은 문화적 자원 등을 포함하는 것을 넓은 의미의 자원이라고 해요.

이러한 **자원은 지금도 쉴 새 없이 이곳저곳으로 이동하고 있어요.** 예를 들어 초콜릿의 원료인 카카오와 설탕의 원료인 사탕수수는 대부분 열대 기후 지역에서 생산돼요. 석유는 서남아시아에 많이 매장되어 있지요. 그런데 카카오와 설탕, 석유는 전 세계 거의 모든 국가에서 필요로 하는 자원이에요. 그래서 **이러한 자원들은 생산자에게서 그 자원을 필요로 하는 소비자에게로 이동하게 되는 거예요.**

최근에는 경제 수준이 높아지고 교통수단이 발달함에 따라 자원의 이동이 더욱 활발해지고 있어요.

이러한 자원의 가치는 정해져 있는 것이 아니라 인간의 기술 및 경제적 수

준, 문화적 배경 등에 따라 달라져요. 또 시간과 공간에 따라 달라지기도 해요. 예를 들면 옛날에는 석유를 자원이라고 생각하지 않았어요. 하지만 석유를 여러 가지로 쓸모 있게 만드는 석유 정제 기술이 개발되면서부터 석유의 가치는 갑자기 높아졌지요.

석유 정제 기술이 개발되기 전의 원유는 그냥 자연의 일부였어요. 하지만 석유 정제 기술을 이용하면서 원유에서 아스팔트, 중유, 휘발유, 석유가스 등을 분리해 낼 수 있게 되었어요. 아스팔트는 포장도로에, 중유는 화력 발전소에, 휘발유는 자동차에, 석유가스는 가정의 가스레인지 등에 사용되기 시작했지요.

이처럼 새로운 기술이 개발되면서 쓸모없어 보이던 것이 쓸모 있는 자원으로 이용되는 예는 아주 많아요. 심층수는 바다 밑에 있는 물이에요. 얼마 전까지만 해도 이 심층수를 자원이라고 생각하는 사람은 없었어요. 그런데 최근에 과학 기술의 발달로 심층수를 먹는 물로 바꿀 수 있게 되면서 심층수는 중

▲석유를 정제해 다양한 용도로 사용할 수 있게 만드는 석유 정제 공장

요한 자원으로 인정받게 되었지요.

반면에 자원의 양이 너무 적거나 자원을 개발하는 데 비용이 너무 많이 들면 개발을 못 하기도 해요.

상품의 원료

우리가 일상생활에서 사용하는 물건들은 공장에서 한 가지 이상의 원료를 이용해서 만들어져요. 그렇게 생산된 물건은 상점에서 상품으로 판매되지요. 원료는 광물이나 동식물 등 자연에서 직접 얻을 수도 있고, 가축에게서 얻을 수도 있고, 농작물같이 인간이 재배해서 얻을 수도 있어요. 또 자연 속에 있는 천연 원료를 섞어서 인공적으로 만들 수도 있지요.

예전에는 원료를 거의 대부분 국내에서 만들어 사용했어요. 하지만 상품의 종류가 많아지고, 다른 나라와의 교류가 늘어나면서부터 많은 원료를 다른 나라에서 수입하고 있답니다.

친환경적인 자원을 개발해야 하는 이유

오늘날 우리가 사용하고 있는 자원은 대부분 재생이 불가능해요. 한 번 써 버리면 다시 생기지 않지요. 그런데도 우리는 자원을 함부로 사용하고 있어요. 때문에 석유, 석탄 같은 중요한 자원이 점점 고갈되고 있지요. 게다가 무분별하게 자원을 개발하는 바람에 생태계가 파괴되고, 환경 오염도 점점 더 심각해지고 있어요.

이런 문제를 해결하려면 친환경적인 자원을 개발해야 해요. 태양광과 태양열, 바이오, 풍력, 수력, 지열, 폐기물 등의 친환경 재생 에너지를 개발하고 이용을 늘려야 자원 고갈을 극복해 낼 수 있지요. 환경을 보호할 수 있는 건 두말하면 잔소리고요.

시장은 왜 생겨났나요?

앗,
비상 식량인
당근이 다
떨어졌어.
텅
텅
헉
끙,
어떡하지?
지구 돈을
다 써
버렸는데….
털…
…털
대장님, 물물
교환을 하면
어떨까요?
오,
좋은 생각!
예쁜게
나와~
네~
최첨단 우주복과
당근 한 개랑
바꾸실 분.
저런
옷을 누가
산다고?
거지
인가 봐.
그렇게
심한 욕을
당근을
구하려면
시장에 가야지.
시장?
그게 뭐지?

아주 옛날 바닷가에 사는 아이들은 매일 끼니때마다 투정을 했어요.

"생선만 먹으니까 질려요. 채소를 먹고 싶어요."

산골에 사는 아이들도 투정을 하기는 마찬가지였어요.

"채소만 먹으니까 질려요. 생선을 먹고 싶어요."

그러던 어느 날, 사람들은 멋진 생각을 해냈어요.

"그래! 필요한 것을 물물 교환으로 얻는 거야! 바닷가에 사는 사람의 생선과 산골에 사는 사람의 채소를 서로 바꾸면 되잖아."

하지만 물물 교환에는 여러 가지 불편이 따랐어요.

"난 생선을 감자로 바꾸고 싶어. 그러려면 감자를 가진 사람 중에 생선을 원하는 사람을 찾아야 하는데, 어디서 그런 사람을 찾느냐고?"

"난 교환할 물건을 하루 종일 들고 다니다 보니 상해 버렸어."

그래서 사람들은 보다 편리하게 물물 교환을 하기 위해 날짜와 장소를 정해 만나기로 약속했어요. 그렇게 해서 생겨난 게 바로 시장이에요. 파는 사람과 사는 사람이 한자리에 모이니 서로 힘들게 찾아다닐 필요가 없었어요. 또 다양한 물건을 한자리에서 구할 수 있어 편리했지요. 시장 덕분에 사람들은 여러 가지 물건을 비교해 본 뒤 더 싸고 좋은 물건을 구할 수 있게 되었어요.

상식 시장은 어떻게 구분될까?

• 파는 물건에 따라 : 농산물 시장, 수산물 시장, 청과물 시장, 꽃 시장, 의류 시장 등

• 열리는 때에 따라 : 정기 시장(5일장 등), 상설 시장(재래시장, 전문 상가, 백화점, 대형 마트 등)

• 공급받는 대상에 따라 : 도매 시장, 소매 시장

물건값은
왜 오르락내리락하나요?

어느 해 가을, 우리나라는 심한 가뭄을 겪었어요. 뉴스에서는 날마다 가뭄으로 피해를 입은 농작물에 대한 소식을 전했어요.

"올해는 농작물 수확이 예전의 절반에도 못 미치고 있습니다. 특히 배추 생산량이 떨어져 배춧값이 하늘 높은 줄 모르고 치솟고 있습니다."

사람들은 배추가 금처럼 비싸다는 뜻으로 '금치'라고 불렀지요. 그래서 그다음 해에는 너도나도 배추 농사에 뛰어들었어요.

"나도 올해에는 배추 농사를 지어 팔자 한번 고쳐 봐야지."

이렇게 농부들이 너도나도 배추를 생산하자 시장에 배추가 넘쳐났고, 배추 가격은 크게 떨어졌어요. 농부들은 울상이 되었지요.

배춧값은 이렇게 비쌀 때도 있고, 쌀 때도 있어요. 배추가

▲배추를 싸게 사기 위해 대형 마트를 찾은 사람들

많은 해에는 배춧값이 내려가고, 배추를 구하기 어려운 해에는 배춧값이 올라가지요. 이처럼 가격이 오르락내리락하는 이유는 공급과 관련이 있어요. 공급이 많아지면 가격이 내려가고 공급이 줄어들면 가격이 오른답니다.

또 수요가 많아지면 가격이 오르고 수요가 줄어들면 가격이 내려가기도 해요. 추석이나 설날 같은 명절에 과일값이 오르는 것은 과일을 사려는 사람들이 많아지기 때문이에요. 이렇게 많은 사람이 한꺼번에 어떤 물건을 사려고 하면 그 물건의 가격은 올라가요. 즉, 가격은 공급과 수요가 변하기 때문에 오르락내리락하는 거예요.

세상에는 수많은 물건이 있어요. 이렇게 많은 물건의 값이 수요와 공급에

의해 저절로 정해진다니 신기하지 않나요? 이런 궁금증을 시원하게 풀어 준 사람이 바로 영국의 경제학자 애덤 스미스예요.

"사람들은 저마다 이익을 남기려고 물건을 만들어 팝니다. 농부가 농사를 지어 곡물을 파는 것이나, 빵가게 주인이 빵을 파는 일도 이익을 남기려고 하는 것이죠. 이렇게 이익을 챙기려고 하는 사람들의 생각이 시장의 가격을 결정합니다. 바로 '보이지 않는 손'이 사람들을 이끄는 것이지요."

▲ '보이지 않는 손'을 말한 애덤 스미스

애덤 스미스가 말하는 '보이지 않는 손'이란 무엇일까요? 물건값이 정해지는 과정을 살펴보면 금방 알 수 있답니다.

"짜잔! 말하는 청소 로봇이 나왔습니다. 단돈 200만 원!"

그러나 사람들은 아무도 말하는 청소 로봇을 사지 않았어요. 가격이 터무니없이 비쌌기 때문이지요. 그러자 가격이 100만 원으로 뚝 떨어졌어요. '보이지 않는 손'이 작용을 한 거예요. 그런데 얼마 뒤 다른 회사에서 비슷한 청소 로봇을 80만 원에 팔기 시작했어요. 그러자 맨 처음 말하는 청소 로봇을 만든 회사는 또 가격을 내릴 수밖에 없었어요.

"물건을 팔려면 할 수 없이 또 가격을 내려야겠구나. 창고에 물건을 쌓아 두면 우리만 손해니까……."

시장의 가격은 이처럼 '보이지 않는 손'에 의해 오르락내리락한답니다.

쏙쏙 파헤치는 호기심 경제

수요에 영향을 미치는 것

먼저 '수요자의 소득 수준'을 들 수 있어요. 수요자란 어떤 재화를 필요로 하는 사람을 말해요. 보통 수요자는 돈을 많이 벌면 상품을 더 많이 사려고 해요. 반대로 돈을 적게 벌면 상품을 덜 사려고 하지요. '수요자의 기호 변화'도 수요에 영향을 미쳐요. 예를 들어 요즘 사람들은 건강에 관심이 많아요. 그래서 자전거 수요가 늘었지요.

'수요자의 예상'에 따라 수요가 변할 수도 있어요. 예를 들어 전쟁의 위협이나 지진 등으로 사회 불안이 예상되면 생필품 수요가 늘어나요. 마지막으로 '수요자의 인구 변화'를 들 수 있어요. 수요자의 인구가 감소하면 상품의 수요는 자연스럽게 줄어들어요.

공급에 영향을 미치는 것

먼저 '생산비의 변화'를 들 수 있어요. 생산비가 증가하면 제품을 판매해서 얻을 수 있는 이익이 줄어들기 때문에 공급자는 상품 생산을 줄여요. 공급자란 어떤 재화를 공급하는 사람을 말해요. 반면에 생산비가 감소하면 상품을 생산해서 더 큰 이익을 얻을 수 있기 때문에 공급자는 공급을 더 늘리지요. '생산 기술의 발달'도 공급에 영향을 미쳐요. 생산 기술이 발달하면 생산비가 줄어들고 생산 속도가 빨라지기 때문에 공급자는 더 많은 상품을 생산할 수 있어요.

돈은 어떻게 생겨났나요?

5000원입니다~
아, 비
저, 대장님. 너무 많이 사는 거 아니에요?
하하하! 걱정하지 마라. 돈은 충분히 있다.
앗, 주머니에 구멍이! 돈을 다 잃어버렸어.
대대장님…
지구인들이 안드로메다 돈도 받아 줄까요?
글쎄….
여기요.
뭐… 뭐지?
이것들이! 나가!!!
대장님, 지구에서는 안드로메다 돈은 안 받나 봐요.
이건 우리 별에서 쓰는 돈….
뭐… 뭐지?
장난해?
그러게~

옛날 사람들은 물물 교환을 할 때마다 실랑이를 벌여야 했어요.

"닭 1마리를 줄 테니 물고기 10마리를 주시오."

"그런 말도 안 되는 소리 하지 마시오! 요즘 물고기 값어치가 얼마나 높아졌는데. 닭 1마리에 물고기 5마리밖에 못 주오."

이처럼 물물 교환을 하던 시절에는 물건을 평가하는 기준이 없어서 물건의 가치가 저마다 달랐어요. 그러다 어떤 사람이 좋은 생각을 해냈어요.

"매일 이렇게 실랑이하지 말고 거래를 좀 더 편리하게 할 수 있도록 도와주는 '어떤 물건'을 정하는 게 어떨까요?"

"오, 그거 정말 좋은 생각입니다. 어떤 물건과도 교환이 가능하면서 가치를 쉽게 비교할 수 있는 것으로 정하면 되겠군요."

이렇게 해서 생겨난 것이 바로 돈이에요. 하지만 처음부터 지금 우리가 쓰고 있는 형태의 돈이 생겨난 것은 아니에요. 처음에는 소금이나 곡식처럼 누구에게나 꼭 필요한 물품들이 돈의 역할을 대신했어요. 짐승의 뼈나 조개껍데기처럼 단단하고 상하지 않는 것들을 돈으로 쓰기도 했지요. 특히 조개껍데기는 단단하면서도 모양이 특이해서 오랫동안 돈으로 사용되었어요.

하지만 경제 규모가 점점 커지자 조개껍데기를 돈으로 사용하기가 어려워졌어요. 사람들은 일정한 크기와 모양을 가진 화폐가 필요하다고 생각했지요. 그래서 이때부터 금, 은, 구리 등으로 만든 돈을 사용하게 되었고 지금과 같은 지폐와 동전이 생겨난 거예요.

돈 덕분에 우리는 원하는 것을 쉽고 편리하게 사고팔 수 있어요. 어떤 가게를 가든 돈만 내면 원하는 것을 살 수 있지요. 학용품이 필요하면 돈을 주고 학용품을 사고, 옷이 필요하면 돈을 주고 옷을 사면 되니까요.

우리는 물건뿐만 아니라 서비스에 대한 대가도 돈으로 내요. 여행을 떠날

때 돈을 내면 기차나 비행기 등을 탈 수 있고, 놀이동산에서는 돈을 내면 재미있게 놀 수 있어요.

또 돈은 가치를 저장해 두기에도 아주 편리해요. 예를 들어 용돈으로 1,000원을 받았다고 생각해 보세요. 1,000원을 가지고 있으면 언제든 배가 고플 때 빵을 사 먹을 수 있어요. 하지만 1,000원 대신 빵을 받았다면 어떻게 될까요? 빵은 며칠 지나면 상하기 때문에 배가 고프지 않더라도 빨리 먹어야 해요. 그렇지만 1,000원짜리 지폐는 1년이 지나도 여전히 그 가치가 변하지 않아요. 또 상황에 따라 빵이 아니라 다른 것을 사 먹을 수도 있고요.

하지만 돈은 그 자체로 가치가 있는 건 아니에요. 무인도에 혼자 떨어져 있다고 생각해 보세요. 돈으로 무엇을 할 수 있겠어요? 아무것도 할 수 없겠지요. 돈 자체에는 가치가 없지만, 사람들끼리 약속을 해서 돈에 가치를 심어 준 것이지요. 즉, 돈은 우리 생활을 편리하게 해 주기 위해 만들어진 하나의 도구일 뿐이랍니다.

▲조선 시대의 엽전인 상평통보 당이전

화폐에 쓰이는 글자

우리나라의 지폐를 자세히 살펴보면 앞면에는 한글이, 뒷면에는 영어가 인쇄되어 있어요. 이렇게 우리나라 돈에는 2개의 언어를 사용하고 있지요. 일본, 홍콩 등의 나라에서도 돈에 2개의 언어를 사용하고 있어요. 하지만 북한, 미국, 영국 등의 나라에서는 자기 나라 언어만 사용해요. 싱가포르와 스위스에서는 4개 언어를 사용하그 있고요. 인도에서는 돈에 무려 15개의 언어를 사용하고 있답니다.

▲ 한글이 쓰인 앞면

▲ 영어가 쓰인 뒷면

화폐 속에 숨어 있는 위조 방지 장치

우리나라 돈에는 약 20개의 위조 방지 장치가 숨어 있다고 해요. 지폐 앞면 왼쪽의 그림 없는 부분을 빛에 비춰 보면 숨어 있는 초상이 나타나요. 그리고 5천 원짜리와 1만 원짜리 앞면에는 조각형 홀로그램, 5만 원짜리에는 띠형 홀로그램이 있어요. 지폐를 기울이면 보는 각도에 따라 우리나라 지도, 태극과 액면 숫자 등이 번갈아 나타나지요.

이 세상에 돈이 넘쳐나면 좋겠다고요?

1919년 제1차 세계 대전이 끝나자 전쟁에서 이긴 나라들은 전쟁을 일으켰다가 진 독일에게 전쟁 복구 비용을 요구했어요.

"여러 나라가 큰 피해를 입었으니 돈으로 보상하시오."

하지만 독일에는 돈을 갚을 능력이 없었어요. 이 때문에 독일 정부가 골머리를 앓고 있던 어느 날, 한 정치인이 그럴듯한 생각을 해냈어요.

"수상님, 돈을 더 많이 찍어내면 되지 않을까요?"

"오, 그거 괜찮은 생각입니다."

하지만 정부가 돈을 마구 찍어내자 독일 사회는 더 큰 혼란에 빠졌어요. 돈의 양이 점점 늘어나자 돈의 가치는 계속 떨어졌고, 물가가 하늘 높은 줄 모르고 치솟았거든요.

"큰일이야. 요즘은 하루에도 10번씩 물가가 뛰어."

"빵 하나 사려면 돈을 바구니에 수북이 담아 가야 한다니까."

이때 돈의 가치가 얼마나 떨어졌던지, 어떤 도둑은 바구니에 있던 돈은 다 쏟아 버리고 바구니만 훔쳐서 달아났다고 해요. 이처럼 돈의 가치가 떨어져서 물가가 계속 올라가는 현상을 '인플레이션'이라고 해요. 이러한 인플레이션을 막기 위해 국가에서는 통화량을 적절하게 조절하지요. 통화량은 나라 안에서 실제로 사용되고 있는 화폐의 양을 달해요. 시장에는 필요 이상으로 돈이 넘쳐나도 안 되고, 모자라도 안 된답니다.

상식 '디플레이션'이란 무엇일까?

디플레이션은 인플레이션의 반대말이에요. 즉, 돈의 가치가 올라서 물가가 뚝 떨어지는 현상을 말해요. 디플레이션이 일어나면 사람들이 돈을 안 쓰고 가지고만 있으려고 해서 소비와 생산 활동이 위축될 수 있어요.

나라마다 왜 쓰는 돈이 다른가요?

지우네 가족은 여름 방학을 맞아 유럽으로 여행을 떠났어요. 첫 여행지인 영국에 도착해서 택시를 탔지요. 그런데 택시 운전수가 유럽에서 쓰는 화폐인 유로를 안 받으려고 하지 뭐예요.

"아니, 유럽에서 왜 유로를 안 받아요?"

택시 운전수의 설명을 들은 아빠는 그제야 이마를 탁 쳤어요.

"아차! 영국에선 유로가 아니라 파운드를 쓰지!"

모든 나라에서 같은 돈을 쓰면 아주 편리할 거예요. 하지만 **나라마다 쓰는 말이 다르듯 쓰는 돈도 달라요. 나라마다 경제 사정과 역사, 문화 등이 다르기 때문이에요.**

우리나라 사람이 미국에서 버스를 탄 뒤 우리나라 돈을 낸다고 생각해 보세요. 운전수는 아마 "당장 내리세요."라고 고함을 지를 거예요. 우리나라 돈은 우리나라 안에서만 그 가치를 인정받기 때문이지요.

그래서 **다른 나라로 여행을 갈 때는 우리나라 돈을 꼭 다른 나라 돈으로 바꿔 가야 해요.** 이것을 **환전**이라고 해요. 환전을 할 때는 **정해진 교환 비율인 환율**에 따라야 해요. 나라마다 화폐가 다르듯 화폐의 가치도 다르거든요. 예를 들어 우리나라 돈과 미국 돈인 달러의 환율이 1,000원이라고 한다면 1달러를 사기 위해서 우리 돈 1,000원을 내야 해요. 그런데 환율은 정해져 있지 않고 매일 조금씩 달라져요. 만일 환율이 달러당 1,100원에서 1,200원이 되면 사람들은 "환율이 올랐어."라고 말하지요.

▲ 외국 돈과 우리나라 돈의 환율을 알 수 있는 전광판

▲환율

환율이 올랐다는 말은 무슨 뜻일까요? 우리나라 돈의 가치가 달러에 비해 떨어졌다는 뜻이에요. 예를 들어 예전에는 1,100원만 있으면 1달러짜리 미국산 연필을 살 수 있었는데, 이제는 1,200원을 내야 살 수 있게 된 것이지요. 이렇게 환율이 오르면 국내에 들어오는 스입품 가격이 오르고, 해외여행을 할 때도 돈이 더 들어요.

하지만 환율이 오르면 수출에는 도움이 되지요. 여러분이 미국 사람이라고 생각해 보세요. 한국의 환율이 오르기 전에는 한국산 필통을 1달러에 사야 했지만 한국의 환율이 올라 한국 돈의 가치가 떨어지면 1달러도 안 되는 돈으로 한국산 필통을 살 수 있지요. 이렇게 되면 미국 사람들이 우리나라 물건을 더 많이 사게 되므로, 우리 기업들은 물건을 더 많이 수출할 수 있어요.

하지만 환율이 계속 오르면 물가가 올라서 생활하기가 힘들어져요. 다른 나라에서 수입하는 원자재의 가격이 오르기 때문이에요. 예를 들어 밀을 수입하는 가격이 오르면 밀가루를 만드는 회사도 가격을 올리게 되고, 소비자는 오른 가격에 밀가루를 살 수밖에 없어요.

반대로 환율이 내려가면 수입품 가격이 내려가고 물가가 안정돼요. 하지만 환율이 계속 내려가면 수출품의 가격이 올라가 경쟁력이 낮아지고, 수출이 줄어들어요.

유로(Euro)

유로는 유럽 연합(EU)의 공식 화폐예요. 단위 기호는 '€'로 쓰지요. 유럽 연합 가입국 17개국과 유럽 연합에 가입하지 않은 9개국에서 사용하고 있어요. 유로를 쓰는 국가를 모두 합쳐서 '유로존'이라고 해요.

▲ 유로 지폐

기축 통화

기축 통화는 나라 사이에 금융 거래의 기본이 되는 화폐를 가리켜요. 현재 기축 통화로 사용되고 있는 미국의 달러는 거의 모든 나라에서 사용할 수 있어요. 국제 시장에서는 기축 통화를 많이 가지고 있어야 거래를 원활하게 할 수 있어요. 달러를 얼마나 많이 가지고 있느냐가 그 나라의 경제력을 나타낸다고 볼 수 있지요. 하지만 최근에는 미국 경제가 안 좋아지고 있어서 기축 통화를 중국의 화폐인 위안으로 바꿔야 한다는 의견도 나오고 있어요.

세계의 돈 이름

대한민국	미국	중국	일본	타이	영국	유럽
원	달러	위안	엔	바트	파운드	유로
₩	$	¥	¥	฿	£	€

왜 신용을 잘 지켜야 할까요?

요즘 들어 생활이 어려워진 광호 씨가 돈을 빌리려고 은행을 찾았어요. 하지만 광호 씨의 신용을 조사한 은행 직원은 고개를 가로저었어요.

"죄송합니다, 고객님. 신용이 나빠서 돈을 빌려 드릴 수 없네요."

광호 씨는 은행 문을 나오면서 한숨을 길게 내쉬었어요.

신용이란 나중에 갚겠다고 약속하고 상품이나 서비스를 사거나 돈을 빌릴 수 있는 능력을 말해요. 신용 카드를 사용하면 지금 당장 돈이 없어도 원하는 물건을 살 수 있고 '할부 구매'로 물건값을 조금씩 나누어 낼 수 있지요. 그런데 어떤 어른들은 신용 카드로 자기 능력에 넘치게 소비를 하고, 나중에 그 돈을 갚지 못해 신용 불량자가 되기도 해요.

신용 불량자가 되면 금융 기관에 신용이 나쁜 사람으로 등록이 돼요. 그렇게 되면 은행에서 돈을 빌리지도 못하고 더는 신용 카드를 사용할 수 없게 되지요. 뿐만 아니라 직장에 취직할 때도 불리하고, 심하면 가진 재산을 압류(마음대로 자기 재산을 팔 수 없게 하는 일)당할 수도 있어요. 또 신용을 한번 잃어버리면 다시 쌓기까지 많은 시간과 노력을 들여야 한답니다.

▲당장 돈이 없어도 물건을 구입할 수 있게 해 주는 신용 카드

상식 **신용 카드 회사는 어떻게 돈을 벌까?**

신용 카드 회사는 상점에서 수수료를 받아 돈을 벌어요. 보통 카드 결제 수수료는 사용액의 2~3퍼센트 정도예요. 카드로 물건을 할부로 사서 여러 달에 걸쳐 갚을 때도 수수료를 내야 하지요.

은행에서는 왜 사람들에게 돈을 빌려 주나요?

은행을 처음 만든 사람은 중세 시대 수도원의 신부였어요. 당시에는 금을 가진 사람들이 많았는데, 늘 불안에 떨며 살았어요.

"누가 금을 훔쳐 가면 어떻게 하지?"

"믿을 만한 사람에게 금을 맡겨 놓는 게 어떨까?"

"그래! 수도원의 신부님에게 금을 맡기자. 신부님은 정직한 분이니까 우리 금을 잘 지켜 주실 거야."

수도원에서는 금을 맡아 주는 대신 보관증을 써 주었어요.

"자, 이건 당신에게 금이 있다는 것을 증명해 주는 보관증입니다."

이 보관증은 금과 같은 역할을 해서 물건을 살 때도 이것을 주면 살 수 있었다고 해요. 물건을 판 사람이 보관증을 가지고 수도원에 가면 다시 금으로 바꿀 수 있었지요. 그리고 수도원에서는 보관하고 있는 금을 다른 사람에게 빌려 주고, 지금의 은행처럼 이자를 받았어요. 그 이자로 수도원에 필요한 물건도 사고 수도원 운영비도 벌었다고 해요.

지금의 은행이 사람들에게 돈을 빌려 주는 이유도 이와 비슷해요. 바로 이자를 받기 위해서이지요. 은행에서는 돈을 맡긴 사람에게 이자를 주어요. 그리고 돈을 필요로 하는 사람에게는 돈을 빌려 주고 더 많은 이자를 받지요. 즉, 은행은 사람들에게 돈을 빌려 주고 그 대가로 이자를 받아 돈을 버는 거예요.

이자는 돈을 빌리려는 사람과 빌려 주려는 사람의 수를 알맞게 조절해 주는 역할을 해요. 이자가 비싸면 은행에 돈을 맡기려는 사람이 늘어나요. 하지만 돈을 빌려 사업을 하려는 사람들은 비싼 이자를 내야 하기 때문에 돈을 빌리려고 하지 않겠지요.

반대로 이자가 아주 낮으면 어떻게 될까요? 그러면 아무도 은행에 돈을 맡기려고 하지 않을 거예요. 그렇게 되면 사업하는 사람이 은행에서 돈을 빌리고 싶어도 빌릴 수 없겠지요. 그래서 은행 이자는 늘 조금씩 오르락내리락해요. 돈을 맡기려는 사람과 돈을 빌리려는 사람 모두가 만족할 수 있어야 하니까요. 그래서 은행마다 이자가 다르고 같은 은행에서도 예금 상품마다 이자가 다른 거예요.

우리가 흔히 가지고 있는 예금 상품인 **보통 예금**은 원하는 액수의 돈을 원하는 기간 동안 저금할 수 있어요. 또 언제든지 자유롭게 저금할 수도 있고 찾을 수도 있지요. 하지만 이자가 거의 붙지 않아요.

정기 예금은 가지고 있는 큰 액수의 돈을 한꺼번에 저금하고 일정한 기간이 지난 뒤 찾는 예금 상품이에요. 일정 기간 동안 맡겨 두기로 약속하고 약간 높은 이자를 받아요. 하지만 만약 중간에 돈이 필요해서 찾게 되면 이자를 받을 수 없어요.

정기 적금은 매달 조금씩 저금을 하고 일정 기간이 지난 뒤에 찾는 예금 상품이에요. 보통 큰돈을 모으기 위한 저축 방법으로 많이 사용돼요. 하지만 정기 예금과 마찬가지로 도중에 해지하면 이자를 거의 받을 수 없답니다.

단리와 복리

같은 금액을 저금해도 이자가 붙는 방식에 따라 나중에 받는 돈의 액수가 달라져요. 이자가 붙는 방식에는 '단리'와 '복리'의 두 가지가 있는데 단리보다 복리가 더 유리하지요.

- **단리**: 처음에 맡긴 금액을 원금으로 두고 이자를 계산하는 방식이에요.
- **복리**: 원금에 이자가 붙으면 그것까지 합쳐서 원금으로 두고 이자를 계산하는 방식이에요.

한국은행과 일반 은행

한국은행은 돈을 찍어내는 은행으로 우리나라에 하나밖에 없어요. 은행에 돈을 빌려 주기도 하고, 돈을 맡아 주기도 해요.
또 통화량을 조절하는 역할도 해요. 통화량이 늘어나면 돈의 가치가 떨어져 인플레이션이 일어나고, 통화량이 줄어들면 생산

▲우리나라의 중앙 은행인 한국은행

량과 일자리가 줄어들어 경제가 어려워져요. 따라서 한국은행은 통화량을 적절하게 조절하기 위해 늘 시장의 상황을 살핀답니다.

학교 앞 떡볶이집도 기업이라고요?

어느 날, 민기 삼촌이 어깨에 잔뜩 힘을 주며 말했어요.

"민기야, 삼촌이 드디어 기업을 세웠단다. 구경해 보겠니?"

삼촌은 민기를 학교 앞에 새로 생긴 떡볶이집으로 데려갔어요.

"이게 바로 삼촌이 세운 기업이란다."

"에이, 무슨 기업이 이래요? 기업은 커다란 건물에서 수많은 사람이 일하는 곳이잖아요."

"뭔가 잘못 알고 있구나. **기업은 이윤을 얻기 위해 재화와 서비스를 생산하는 개인이나 집단을 모두 일컫는 말이야.** 동네에서 흔히 볼 수 있는 문구점이나 미장원, 구멍가게, 커피숍도 모두 기업이라고 할 수 있지."

민기 삼촌의 말은 모두 옳아요. 단, 여러 사람이 함께 뜻을 모아 돈을 마련해서 세운 기업은 '회사'라고 하고, 주인 한 사람이 차려 운영하는 기업은 '개인 기업'이라고 하지요.

기업의 목적은 이윤을 얻는 거예요. 이윤은 순이익을 말하지요. 기업은 일자리를 만들어 직원을 뽑고, 이윤을 얻기 위해 새로운 물건이나 기술을 개발해요. 그리고 회사와 상품을 알리기 위해 광고를 하고 사람들에게 질 좋은 서비스를 제공하려고 노력하지요. 기업은 보다 많은 이윤을 남기기기 위해 수입을 최대한 늘리거나 비용을 최소한으로 줄여야 해요. 이것을 경제 용어로 '생산성을 높인다'라고 해요.

상식 '분업'이 무엇일까?

기업에서는 생산성을 높이기 위해 '분업'을 해요. 분업은 말 그대로 하나의 생산 과정을 여러 단계로 나누고 각자 맡은 부분에 집중해서 생산하는 방식을 말해요. 분업을 하면 일도 더 잘하게 되고, 속도도 더 빨라져요.

기업에서는 왜 주식을 발행하나요?

"회사를 세우고 싶은데 돈이 너무 부족해."

나창업 씨의 하소연을 들은 친구가 말했어요.

"은행에서 돈을 빌리면 되잖아."

"그러면 빌린 돈에 이자까지 더해서 갚아야 하잖아."

"그럼 다른 기업들처럼 주식을 발행해서 돈을 모으는 게 어떨까?"

"주식?"

"그래. 회사에 대한 권리를 여럿으로 나누어서 사람들에게 파는 거야. 그 증거로 사람들에게 주식을 나누어 주는 거지."

나창업 씨 친구의 말처럼 어떤 기업의 주식은 그 기업에 투자를 했다는 증거예요. 주식을 발행하면 투자받은 돈을 갚거나 이자를 낼 필요가 없어요. 그래서 많은 기업에서 자금을 마련하기 위해 주식을 발행하지요.

나창업 씨는 주식을 발행하기 위해 관할 관청을 찾았어요. 관청의 공무원은 나창업 씨에게 주식회사 만드는 방법을 차근차근 설명해 주었어요.

"아무 기업이나 주식을 마음대로 발행할 수 있는 것은 아닙니다. 주식을 발행하려면 다른 사람들과 기업의 권리를 나누어 가져야 해요."

"저 혼자 기업의 권리를 가지는 게 아니고요?"

"네. 주식을 가진 여러 사람이 공동으로 주인이 되어야 합니다. 여럿이 모여 만든 주식회사만 주식을 발행할 수 있어요."

주식은 기업의 주인이라는 증표예요. 따라서 무턱대고 주식을 많이 발행하면 안 돼요. 그랬다가는 애써 만든 회사가 주식을 많이 가진 사람에게 넘어갈 수도 있거든요.

주식회사의 주인은 주주들이에요. 그래서 주주들은 여러 가지 권리를 가지고 있어요. 주식회사는 보통 1년에 한 번씩 기업이 벌어들인 돈의 일부를 주

주들에게 나눠 주어요. 이것을 '배당'이라
고 하는데, 해당 기업의 주식을 많이
가지고 있을수록 많은 배당을 받을
수 있어요.

　또 해당 기업의 주식을 많이 가
지고 있는 대주주들은 기업의 중요
한 일을 결정하는 이사회에 참여할
수 있어요. 텔레비전 드라마를 보면 가
끔 주주들끼리 모여 회의를 하는 장면이 나
오지요. 이때 흔히 "회사를 이렇게 운영하면 안 됩니다."라고 말하는 장면이
나오잖아요? 이사회에서 그런 말을 하는 사람들이 바로 대주주들이에요.

　그런데 주주가 된다고 해서 좋기만 한 것은 아니에요. 자신이 가지고 있는
주식에 관해 책임을 져야 하거든요. 회사가 운영을 잘못해서 망하면 주식에
투자한 돈을 한 푼도 못 받을 수도 있어요.

　따라서 주식에 투자할 때는 그 회사에 대해 잘 알아야 해요. 투자하려고 하
는 회사의 자본은 튼튼한지, 회사를 투명하게 경영하는지, 이익을 많이 내고
있는 회사인지 등을 잘 알아본 뒤에 주식을 사야 한답니다.

쏙쏙 파헤치는 호기심 경제

주 주, 지분, 대주주, CEO

- **주주**: 주식을 가지고 있는 사람을 가리켜요. 투자자라고도 해요.
- **지분**: 기업이 발행한 전체 주식 중에서 한 주주가 가지고 있는 주식의 수를 말해요.
- **대주주**: 지분을 많이 가지고 있는 주주를 말해요.
- **CEO**: 주주들을 대신해서 회사를 경영하는 전문 경영인이에요. 최고 경영자라고도 해요.

수 요와 공급에 따라 주가가 결정되는 이유

주가는 주식의 가격이에요. 수요와 공급에 따라 결정되지요. 어떤 회사의 주식을 사려는 사람이 많아지면 주가가 올라가고, 어떤 회사의 주식을 팔려고 하는 사람이 많아지면 주가가 내려가요.

주식의 수요와 공급은 정치, 환율, 물가, 금리 등의 상황에 따라 하루에도 여러 번 달라져요. 예를 들어 은행의 금리가 오르면 사람들은 돈을 은행에 저금해요. 그러면 주식에 대한 투자는 상대적으로 줄어들어요. 그렇게 되면 주가가 떨어지지요.

또 주가는 다른 나라의 정치와 경제 상황에도 영향을 받아요. 따라서 주식에 투자를 할 때는 이런 다양한 측면을 철저하게 연구해야 해요.

같은 물건인데 왜 가격이 다른가요?

서울에 사는 김정태 씨가 강원도로 출장을 갔다가 우연히 배추 한 포기가 800원이라는 사실을 알았어요. 며칠 뒤 서울로 돌아온 김정태 씨는 아내의 말을 듣고 깜짝 놀랐어요.

"여보, 강원도 김장 배추를 한 포기에 4,000원 주고 샀어요."

"뭐, 4,000원? 강원도에서는 배추 한 포기에 800원이던데, 어떻게 서울에서는 몇 배나 값이 뛰는 거지?"

그 이유는 바로 '유통' 때문이에요. 하나의 상품이 만들어져서 소비되기까지의 과정을 유통이라고 해요. 상품마다 조금씩 다르기는 하지만 대부분의 상품은 생산에서 판매까지 여러 단계의 유통 과정을 거쳐요. 그리고 각 단계를 거칠 때마다 가격이 조금씩 오른답니다.

배추의 유통 과정을 한번 알아볼까요? 농부가 배추를 도매상에게 판매해요. 도매상은 많은 양의 배추를 한꺼번에 사들인 다음 작은 양으로 나누어서 소매상에게 판매하지요. 물론 농부에게 사들인 가격보다 높은 가격으로요. 소매상들은 배추뿐만 아니라 다양한 채소를 판매하기 때문에 배추를 많이 사지 않아요. 또 배추를 사러 멀리까지 가기 힘들기 때문에 돈을 더 주더라도 도매상에게 배추를 사는 게 유리해요. 소매상은 도매상에게 산 가격에 자신의 이윤을 더해서 소비자에게 배추를 팔지요.

이런 식으로 유통 단계를 거칠 때마다 중간 상인들이 이윤을 붙이기 때문에 같은 물건이라도 지역에 따라 가격이 다르답니다.

상식 직거래 장터는 어떤 곳일까?

유통 과정에서 가격이 높아지는 것을 막기 위해 중간 상인을 거치지 않고 생산자와 소비자가 직접 만나 거래하는 장터를 '직거래 장터'라고 해요.

기업이 경쟁을 하면 소비자는 춤을 춘다고요?

지우는 엄마랑 로봇 청소기를 사러 전자 상가에 갔어요. 그런데 로봇 청소기 가격이 반값으로 뚝 떨어졌지 뭐예요? 엄마가 웃으면서 말했어요.

"호호, 로봇 청소기를 만드는 기업들이 가격 경쟁을 하는 바람에 싼 가격에 로봇 청소기를 살 수 있게 되었구나."

다음으로 간 농산물 시장에는 수많은 채소가 진열되어 있었어요. 지우와 엄마가 한 가게 앞을 지나갈 때였어요.

"손님! 우리 고추는 농약을 전혀 쓰지 않은 유기농 고추예요."

그러자 옆에 있던 상인도 적극적으로 판매에 나섰어요.

"손님! 우리는 고추를 직접 생산해서 판매하고 있습니다."

엄마는 두 가게의 고추를 꼼꼼하게 비교한 뒤 질 좋은 고추를 싼 가격에 샀어요.

"상인들이 서로 경쟁하는 덕에 좋은 품질의 물건을 살 수 있어서 좋네."

이렇게 **기업끼리 서로 경쟁을 하면 소비자들은 싼 가격에 질 좋은 상품을 살 수 있어 좋고, 기업에도 도움이 되지요.** 다른 기업보다 더 좋은 상품을 많이 개발하기 위해 노력하다 보면 기업이 발전하거든요.

하지만 경쟁이 너무 심하면 부작용이 일어날 수 있어요. 경쟁자를 물리치기 위해 상대방을 헐뜯는다거나, 가격이나 조건을 자기 멋대로 정해서 시장의 경제 질서를 혼란스럽게 만들 염려가 있답니다.

상식 마케팅이란 무엇일까?

소비자에게 상품이나 서비스를 효율적으로 제공하기 위한 기업의 모든 활동을 '마케팅'이라고 해요. 시장 조사, 선전, 판매 등이 이에 속해요. 기업은 소비자에게 최대한의 만족을 주기 위해 마케팅에 많은 노력을 기울여요.

왜 가격을 똑같이 정하면 안 되나요?

어느 날, 라면을 만드는 회사 사람들이 한자리에 모였어요.

"모든 라면 회사가 똑같은 시기에 라면 가격을 올립시다."

"한꺼번에 가격을 올리면 모든 라면 회사가 더 많은 이익을 남길 수 있을 겁니다."

사람들 몰래 만나 라면 가격을 동시에 올리기로 담합을 한 것이지요.

'담합'이란 이렇게 '같은 물건을 만드는 회사끼리 서로 짜고 물건값이나 생산량 등을 조정해서 다른 경쟁 업체를 따돌리거나 부당하게 이익을 챙기는 것'을 말해요. 라면 회사들이 담합하지 않았다면 소비자들은 좀 더 싼 가격에 라면을 먹을 수 있었을 거예요. 하지만 이들이 담합하는 바람에 소비자들은 선택할 권리를 잃게 된 것이지요. 이처럼 기업들이 몰래 가격 담합을 하면 그 피해는 소비자에게 고스란히 돌아온답니다.

담합을 했다가 공정 거래 위원회에 걸리면 공정한 거래를 하기 위해 만든 법(공정 거래법)에 따라 엄하게 벌을 받아요. 담합은 자유로운 경쟁으로 이익을 내는 시장 경제 질서를 어지럽히는 행위니까요. 그래서 정부에서도 기업 간의 담합을 철저하게 금지하고 있어요.

상식 공정 거래 위원회는 어떤 기관일까?

공정 거래 위원회는 공정하고 자유로운 경쟁과 거래가 이루어지도록 규칙을 만들고, 기업들이 그 규칙을 잘 지키는지 감시하는 역할을 하는 기관이에요.

6장

가정의 알뜰한 살림살이

절대 세금을 내지 말아야 합니다.
왜?
국가는 세금으로 운영하니까, 세금을 내지 않으면 언젠가는 지구가 저절로 망할 테니까요.
카하하 하
오, 그거 좋은 생각이다.
헥헥 더워 더워
헥헥 너무 덥다 날씨~

여기요
어유, 더워. 아이스크림 주세요.

집집마다 돈을 버는 방법이 다르다고요?

왜 저축을 해야 할까요?

어떻게 하면 똑똑하게 소비를 할 수 있을까요?

소비자에게는 어떤 권리가 있을까요?

정보가 곧 돈이라고요?

실업자는 왜 생기는 것일까요?

어린이도 세금을 낸다고요?

세계 여러 나라는 왜 무역을 할까요?

보이지 않는 손이 움직이지
않을 때는 어떻게 해야 할까요?

집집마다 돈을 버는 방법이 다르다고요?

“엄마, 오늘은 기분이 좋으시네요?”

지우가 묻자 엄마가 대답했어요.

“오늘은 아빠의 월급날이잖니. 엄마는 한 달에 한 번 돌아오는 아빠의 월급날이 가장 좋단다.”

엄마는 인터넷으로 아빠의 통장에 입금된 월급을 확인하고는 콧노래를 불렀어요.

“여보, 이번 달에는 월급이 올랐네요.”

“응, 한 직장에서 오랫동안 근무했다고 월급을 올려 줬어.”

지우 아빠처럼 회사나 공장, 가게 등에서 일을 하고 정해진 만큼 돈을 받는 것을 **근로 소득**이라고 해요. 다른 말로 ‘월급’ 또는 ‘임금’이라고도 하지요.

그런데 모든 가정이 근로 소득으로 돈을 버는 것은 아니에요. 지우네 옆집에 사는 상연이 아빠는 빵 가게를 운영해서 돈을 벌어요. 상현이 아빠처럼 가게나 회사를 직접 운영해서 버는 돈을 **사업 소득**이라고 해요.

지우네 앞집 할머니는 은행에서 예금 이자를 받아 생활해요. 이렇게 예금에서 얻는 이자, 주식 투자로 받는 배당금, 집이나 건물을 빌려 주고 받는 임대료 등으로 올리는 소득을 **재산 소득**이라고 해요.

이처럼 집집마다 돈을 버는 방법은 다 다르답니다.

상식 이전 소득이란 무엇일까?

소득의 종류 중에는 ‘이전 소득’이라는 것도 있어요. 정부에서 주는 지원금, 실업 수당, 연금 등 아무런 대가 없이 받는 돈을 말해요.

경제

왜 저축을 해야 할까요?

돈을 벌었으니 저축을 해야지!
10000
저축은 맞다!
일단 쓰고 보자
10000
10000
10000
날이 추워지고
안녕 분식
꼴깍
안 돼!
배는 고프고 돈은 없고….
호
오
음냐
깜짝 이야.
음냐
이 돈 몽땅 저금할게요.
대박 은행
아. 네.
대장님이 갑자기 왜 저러지?

옛날에 개미와 베짱이가 살았어요. 개미는 날마다 열심히 일했지만, 베짱이는 매일 바이올린을 켜며 놀기만 했어요.

어느 날 베짱이가 말했어요.

"개미야, 이렇게 더운데 무슨 일을 하니? 그늘에 와서 좀 쉬어."

"안 돼. 추운 겨울에는 먹을 게 없으니 지금 일해서 저축을 해 둬야 해."

어느덧 뜨거운 여름이 가고 가을이 왔어요. 개미가 나무 그늘에서 바이올린을 켜며 놀고 있는 베짱이에게 말했어요.

"너도 이제 슬슬 먹이를 모으지 않으면 겨울에 먹을 게 없을 거야."

"흥! 너나 열심히 해라."

베짱이는 코웃음을 쳤어요.

드디어 가을이 가고 추운 겨울이 왔어요. 개미는 여름 내내 일을 해서 모아 둔 먹이 덕분에 따뜻하게 겨울을 날 수 있었어요. 하지만 놀기만 했던 베짱이는 먹을 음식이 없어서 쫄쫄 굶어야 했답니다.

이 이야기에서 개미가 모아 둔 음식은 저축해 둔 돈과 같아요. 살다 보면 갑자기 병이 날 수도 있고, 사고를 당해 큰돈이 필요할 수도 있어요. 또 갑자기 회사에서 쫓겨나 실업자가 될 수도 있지요. 이때 모아 둔 돈이 없으면 큰 낭패를 당하게 돼요. 그래서 번 돈을 모두 쓰지 않고 저축을 하는 거예요.

또 큰돈을 마련하기 위해 저축을 하기도 해요. 집이나 차를 살 때, 대학에 입학할 때는 큰돈이 필요해요. 이럴 때 모아 둔 돈이 없다면 빚을 져야 하지요. 하지만 미리 저축을 해 두었다면 빚을 지지 않을 수 있어요.

저축은 나라 살림에도 보탬이 돼요. 기업과 나라에서는 국민들이 저축한 돈을 빌려 기술을 발전시키고, 다리나 관공서 같은 공공시설을 짓는 등 여러 가지 일을 해요. 만약 국민들이 저축을 하지 않는다면 우리나라는 이웃 나라에서 돈을 빌려 올 수밖에 없을 거예요. 그러면 나라 전체가 빚더미에 올라앉게 되겠지요.

그렇다고 해서 무턱대고 저축만 많이 하는 것은 경제에 아무런 도움이 되지 않아요. 만약 모든 사람이 소비는 하지 않고 저축만 한다면 어떻게 될까요? 아무도 물건을 사지 않으면 시장 상인들은 어떻게 될까요? 기업은 어떻게 될까요? 아무도 돈을 쓰는 사람이 없으니까 모두 망하고 말 거예요. 그래서 저축도 중요하지만 적절하게 돈을 쓰는 것도 중요해요.

저축을 잘하기 위해서는 몇 가지 요령이 필요해요. 우선 돈이 생기면 저축할 돈을 미리 떼어 놓은 뒤 소비를 해야 해요. 돈을 가지고 있으면 자꾸 쓰고 싶은 마음이 생기니까요.

분명한 목표를 정하고 저축을 하는 것도 중요해요. 예를 들면 '용돈 30퍼센트 저축하기', '1년 안에 10만 원 모으기'처럼 목표가 분명하면 저축을 하는 데 큰 도움이 되지요.

무엇보다 저축하는 습관을 들여야 해요. 세 살 버릇이 여든 간다는 말도 있잖아요. 어렸을 때부터 저축하는 습관을 들여 놓으면 어른이 되어서도 저축을 잘할 수 있답니다.

쏙쏙 파헤치는 호기심 경제

은행에서 하는 일

사람들은 저금을 하거나 대출을 받을 때 주로 은행을 찾지요. 은행에서는 고객의 돈을 맡아 주기도 하고 빌려 주기도 해요. 돈을 가지고 있는 사람과 돈이 필요한 사람을 연결해 주고, 돈이 사람들 사이에서 잘 사용되도록 도와주는 역할을 하지요.

은행이 하는 일은 이뿐만이 아니에요. 전기, 수도, 아파트 관리비 등 각종 공과금을 받는 일도 하고, 우리나라 돈을 외국 돈으로 바꿔 주는 '환전' 업무도 하고, 신용 카드도 발급해 주고, 멀리 떨어져 있는 사람에게 돈을 부쳐 주는 송금 업무도 하고, 보험이나 펀드 같은 상품을 판매하기도 한답니다.

금융 회사

금융이란 이자를 받고 돈을 융통해 주는 것을 말해요. 금융 회사는 은행과 비슷한 일을 하지요. 은행처럼 돈으로 사람과 사람을 이어 주는 역할을 하기 때문에 '금융 회사'라고 해요.

평소에 보험료를 내면 사고를 당했을 때 보험금을 지급해 주는 보험 회사, 주식을 사고팔 수 있도록 도와주는 증권 회사 등이 대표적인 금융 회사예요. 다양한 금융 기관을 잘 이용하던 경제생활을 더욱 현명하게 할 수 있어요.

어떻게 하면 똑똑하게 소비를 할 수 있을까요?

"다음 주부터는 장마가 시작되겠습니다. 장마가 시작되면 큰비가 내리고……."

라디오 뉴스를 들은 지우는 손가락을 탁 튕겼어요.

"그래! 비 올 때를 대비해서 우산을 사야지."

지우는 집으로 돌아오는 길에 마트에서 우산을 하나 샀어요. 집에 돌아온 지우에게 엄마가 물었어요.

"웬 우산이니?"

"다음 주에 장마가 시작된다고 하잖아요. 그래서 미리 대비하려고 제 용돈으로 우산을 샀어요. 잘했지요, 엄마?"

"끙, 집에 우산이 몇 개나 있는 줄 아니? 우선 집에 우산이 있는지 없는지부터 확인한 다음에 샀어야지."

여러분도 이와 비슷한 경험을 한 적이 있을 거예요. 어떤 물건을 살 때는 그 물건이 자신에게 정말 꼭 필요한 물건인지 곰곰이 생각해 봐야 해요.

'내게 지금 꼭 필요한 게 무엇일까? 이 물건을 선택하면 어떤 즐거움이나 편리함을 얻을 수 있을까? 품질, 성능, 디자인은 괜찮을까? 가격은 적절할까?' 등을 소비의 선택 기준으로 삼아 보세요. 그러면 현명한 소비 생활을 하는 데 큰 도움이 될 거예요.

상식 용돈 기입장을 쓰면 어떤 점이 좋을까?

용돈 기입장을 쓰면 일찍 경제에 눈을 뜨게 돼요. 돈을 아껴서 사용할 수도 있고, 돈에 대한 책임감을 기를 수도 있어요. 또 예산을 세워 용돈 범위 안에서 돈을 사용하고 관리하는 능력도 기를 수 있지요.

소비자에게는 어떤 권리가 있을까요?

지우 엄마는 인터넷 쇼핑몰에서 의자를 하나 샀어요. 며칠 뒤 손꼽아 기다리던 의자가 도착했어요. 그런데 의자 바퀴가 비뚤어졌지 뭐예요.

'어떻게 하지? 교환해 달라고 할까? 에이, 귀찮은데 그냥 사용하자.'

그런데 일주일쯤 사용하자 의자 바퀴가 아예 빠져 버리는 게 아니겠어요? 엄마는 화가 나서 의자를 판매한 판매자에게 전화를 걸었어요.

"이런 의자를 팔면 어떡해요? 당장 교환해 주세요."

"고객님, 죄송합니다. 제품에 문제가 있을 때는 7일 이내에 교환이나 반품 요청을 하셔야 합니다. 그런데 고객님께서는 의자를 일주일 이상 사용하셨기 때문에 반품 사유가 안 됩니다."

이럴 때는 '한국 소비자원'에 도움을 요청할 수 있어요. 한국 소비자원의 중재에도 해결이 나지 않으면 법원에 소송을 할 수도 있지요. 이럴 경우에 대비해서 소비자의 권리에 대해 잘 알아 두어야 해요.

소비자에게는 상품에 대한 정보를 제공받을 권리, 제공받은 정보를 바탕으로 여러 가지 제품을 자유롭게 선택할 수 있는 권리가 있어요. 그리고 상품을 안전하게 사용할 수 있는 권리, 상품 때문에 피해를 입었을 때 보상을 받을 수 있는 권리 등도 있지요. 그리고 이러한 소비자의 권리를 침해받았다면 판매자에게 보상을 요구할 수 있답니다.

상식 생산자와 판매자에게는 어떤 책임이 있을까?

생산자와 판매자에게는 유통 기간을 표시해야 할 책임, 상품이 생산된 곳을 표시해야 할 책임, 문제가 있는 상품을 거두어서 수리·교환·환불을 해 주어야 할 책임 등이 있어요.

경제 정보가 곧 돈이라고요?

툭 하면 차가 고장 나자 김종태 씨는 차를 중고차 시장에 팔기로 했어요.

'고물 차라고 솔직하게 말하면 100만 원도 못 받을 거야. 조금 거짓말을 보태서 얘기해야지.'

김종태 씨는 차를 사려는 사람에게 고물 차를 이렇게 소개했어요.

"이 차는 새 차나 다름없는 차예요. 지금까지 단 한 번도 고장이 나 본 적이 없어요. 500만 원을 줘도 사기 힘든 차여요. 하지만 오늘은 특별히 딱 절반 가격인 250만 원에 드릴게요."

중고차를 사려던 사람은 김종태 씨의 말을 믿고 250만 원에 차를 구입했어요. 100만 원도 안 되는 차를 250만 원에 샀으니, 150만 원 넘게 손해를 본 셈이지요. 왜 이런 일이 벌어졌을까요? 파는 사람에게는 고물 차에 대한 정보가 많지만 사는 사람에게는 정보가 거의 없기 때문이에요. 만약 사는 사람이 고물 차에 대한 정보를 가지고 있었다면 100만 원 이상 돈을 주지는 않았을 거예요.

이렇듯 시장에서는 정보가 곧 돈이에요. 내가 사려는 물건에 대한 정보를 정확하게 알고 있으면 좋은 물건을 적당한 가격에 살 수 있어요. 하지만 정보를 모르면 터무니없는 가격에 살 수도 있지요. 그래서 경제학자들은 자본주의 사회에서는 정보가 많은 사람은 더 잘살고 정보가 적은 사람은 더 못 산다고 주장해요. 이것을 가리켜 '정보 격차'라고 한답니다.

상식 정보 격차 해소에 관한 법률이란 무엇일까?

정보를 고루 나누어 주자는 취지에서 2001년에 만들어진 법이에요. 이 법에 따라 정부에서는 빈부의 격차에 따른 정보 격차, 연령에 따른 정보 격차, 도시와 농촌 간의 정보 격차 등을 없애기 위해 노력하고 있어요.

실업자는 왜 생기는 것일까요?

"실업 문제가 심각해져 거리에 노숙자가 점점 많아지고 있습니다."

아빠와 함께 뉴스를 보던 지우가 물었어요.

"아빠, 노숙자가 뭐예요?"

"집 없이 거리를 떠돌며 잠을 자는 사람이야."

"길에서 잠을 자는 사람은 거지 아니에요? 왜 노숙자라고 해요?"

"노숙자 중에는 일을 하기 싫어서 구걸해서 먹고사는 거지도 있지만, 일을 하고 싶어도 일자리가 없어서 일을 하지 못하는 실업자도 있거든. 그래서 노숙자라고 하는 거야."

"일을 하고 싶은데 왜 일을 하지 못해요?"

지우의 궁금증을 함께 풀어 볼까요?

실업자가 생기는 이유에는 여러 가지가 있어요. 먼저 **경제 상황이 나빠지면 실업자가 생겨요.** 기업들은 사업이 잘 안 되면 기업 운영에 들어가는 돈을 줄이려고 근로자들을 내쫓아요. 그래서 근로자들이 하루아침에 실업자가 되기도 하지요. **일자리가 부족해도 실업자가 생겨요.**

거의 대부분의 나라가 실업자 문제로 골머리를 앓고 있어요. 정부에서는 실업자를 줄이기 위해 경제를 안정시키고, 새로운 일자리를 많이 만들고, 실업자들이 다시 일자리를 찾을 수 있도록 도와줘야 해요.

상식 실업 급여란 무엇일까?

실업자가 새로운 일자리를 구할 때까지 나라에서 최소한의 생활비를 보장해 주는 제도예요. 보통 자신이 받던 평균 월급의 일정 퍼센트를 몇 달간 받을 수 있어요.

어린이도 세금을 낸다고요?

1696년, 영국의 국왕 윌리엄 3세는 창문세라는 세금을 만들었어요.

"앞으로 창문이 7~9개인 집은 2실링, 10~19개인 집은 6실링, 20개 이상인 집은 10실링을 세금으로 내야 합니다."

"이게 말이 됩니까? 집에 창문이 많다고 왜 세금을 많이 내야 합니까?"

"창문이 많은 집은 대개 고급 주택입니다. 그러니까 돈이 많은 부유층이 세금을 더 많이 내는 건 당연하지요."

영국 국민들은 세금을 피하기 위해 창문을 없애고, 새로 짓는 건물에는 아예 창문을 달지 않았어요.

오늘날 영국의 오래된 건물에 창문이 없는 것도 모두 이 창문세 때문이에요. 창문세는 숱한 비난 속에서도 1851년에 폐지될 때까지 150여 년 동안 계속 이어졌다고 해요.

▲ 창문이 거의 없는 영국의 오래된 건물

옛날에는 이런 엉터리 세금이 많았어요. 벽난로 수에 따라 세금을 부과하는 화로세, 긴 수염에 매기는 수염세, 장례식에 물리는 장례세 등 별별 세금이 다 있었답니다. 물론 요즘에는 이런 엉터리 세금은 다 사라졌어요. 그럼 요즘엔 어떻게 세금을 거둘까요?

세금은 크게 직접세와 간접세로 나눌 수 있어요. 직접세는 내는 줄 알고 내는 세금으로 부자는 많이 내고 가난한 사람은 적게 내요. 간접세는 내는 줄도 모르고 내는 세금으로 부자나 가난한 사람이나 똑같이 내요.

대표적인 직접세가 바로 소득세예요. 소득세는 사람들이 벌어들인 돈을 기준으로 내는 세금이에요. 돈을 많이 버는 사람은 많이 내고, 돈을 적게 버는 사람은 적게 내지요. 예를 들어 과자를 1,000원에 샀다고 생각해 보세요. 그런데 과자 살 때 낸 1,000원에는 세금 100원이 포함되어 있어요. 이 세금 100원은 나중에 가게 주인이 대신 정부에 내지요. 영수증을 보면 부가세, 부가가치세, VAT 등으로 적혀 있어요.

우리는 날마다 세금을 내고 있어요. 학용품을 살 때도 세금을 내고, 영화관에서 영화를 볼 때도 세금을 내지요. 어린이라고 해서 세금을 내지 않는 줄 알았더니 그게 아니지요?

그런데 아주 높게 매겨지는 세금도 있어요. 생활하는 데 꼭 필요한 물건이 아닌 술이나 담배 같은 물건에는 아주 높은 세금이 붙어요. 국민들이 지나친 사치성 상품을 사거나 낭비하는 것을 막기 위해 이런 '특별 소비세'를 내게 한 것이지요. 자동차에 넣는 휘발유에도 높은 세금이 매겨져 있어요. 휘발유 가격이 2,000원이면 그중 절반가량은 세금이랍니다.

세금은 정부가 나라를 운영하기 위해서 꼭 필요한 돈이에요. 국민이라면 누구나 세금을 바르게 낼 의무가 있답니다.

쏙쏙 파헤치는 호기심 경제

조세

조세는 개인 소득세(개인이 1년간 얻은 소득에 매기는 세금), 법인세(기업이 1년 간 얻은 이익에 매기는 세금), 부가 가치세(생산 활동 과정에서 만들어진 가치에 매기는 세금) 등 국가가 강제로 거두는 세금을 가리켜요. 정부의 재정 수입 에서 가장 큰 부분을 차지하는 것이 바로 조세 수입이에요.

세금이 쓰이는 곳

- **방위비**: 외국의 침략으로부터 국민의 생명과 재산을 보호하기 위해 군 대를 유지하고 군사 장비·시설 등을 마련하기 위해 사용되는 비용이에요.
- **경제 개발비**: 도로, 항만, 통신, 전력, 상·하수도 등을 건설해서 나라의 경제 기반을 발전시키기 위해 지출되는 비용이에요.
- **사회 개발비**: 의료 보험, 국민 연금, 직업 훈련, 주택 건설, 위생 및 공해 방지 시설과 같이 국민의 복지와 편안한 생활 환경을 마련하는 데 쓰이는 비용이에요.
- **교육비**: 학교의 교육 시설, 학술·예술 기관의 연구 활동 등을 지원하기 위해 쓰이는 비용이에요.

세계 여러 나라는 왜 무역을 할까요?

또또는 몸이 민첩해서 1시간에 야자열매를 10개나 딸 수 있어요. 하지만 낚시는 서툴러서 1시간에 물고기를 1마리밖에 못 잡지요.

그런데 옆 섬에 사는 키키는 또또와 정반대예요.

"후유, 난 야자열매를 1시간에 겨우 5개밖에 못 따. 하지만 낚시는 잘해서 1시간에 물고기를 2마리 잡을 수 있어."

어느 날, 또또가 뗏목을 타고 키키가 사는 섬으로 와 제안을 했어요.

"우리 서로 무역을 해 보자. 난 몸이 민첩해서 야자열매를 잘 따잖아. 넌 낚시를 잘해서 물고기를 잘 잡고."

"그런데?"

"그러니까 서로 잘하는 것을 잘 이용하자는 말이야. 우리가 각자 2시간 동안 총 몇 개의 야자열매와 몇 마리의 물고기를 잡지?"

"네가 야자열매 10개와 물고기 1마리, 난 야자열매 5개와 물고기 2마리. 총 야자열매 15개와 물고기 3마리네."

"맞아! 하지만 우리가 각자 잘하는 일을 해서 얻은 것을 서로 바꾸면 훨씬 효과적일 거야. 내가 2시간 동안 야자열매를 따면 20개를 딸 수 있고, 네가 2시간 동안 물고기를 잡으면 4마리를 잡을 수 있잖아."

"그러면 모두 야자열매 20개와 물고기 4마리를 얻을 수 있네. 무역은 정말 좋은 거로구나."

▲우리나라 최대 무역항인 부산항

세계 여러 나라가 무역을 하는 이유는 이처럼 무역을 하는 것이 유리하기

163

때문이에요. 각 나라가 모든 물건을 각자 만들어서 자급자족하는 것보다는, 각자 잘 만드는 물건을 만들어 서로 나눠 가지면 훨씬 더 효율적이거든요. 이런 것을 자유 무역이라고 해요.

그런데 모든 나라가 자유 무역을 찬성하는 건 아니에요. 우리나라에도 자유 무역을 하지 말자고 반대하는 사람들이 많아요.

"가격이 훨씬 싼 외국 쌀이 수입되면 우리 농부들은 다 망합니다."

"맞습니다. 만약 쌀을 수입에만 의존하다가 다른 나라에서 쌀을 수출하지 않으면 어떻게 되겠습니까? 그렇게 되면 우리 국민들은 큰 고통을 받게 될 겁니다. 쌀 무역은 금지해야 합니다."

자유 무역을 하면 가난한 나라가 부자 나라의 밑으로 들어가게 된다며 반대하는 나라도 있어요. 그래서 경쟁력이 약한 물건들은 나라에서 보호를 해 주고 있지요. 이런 물건은 아예 수입을 하지 않거나 세금을 많이 붙여서 값을 올리는 거예요. 이렇게 수입품의 가격을 높이면 자기 나라에서 생산된 똑같은 물건을 보호할 수 있어요. 소비자들은 품질이 비슷하다면 가격이 더 싼 물건을 선택할 테니까요. 이런 것을 보호 무역이라고 해요.

하지만 요즘 세상에서는 그 어떤 나라도 무역을 하지 않고는 살아남기 힘들어요. 그래서 세계 여러 나라는 무역을 점점 더 활발하게 하고 있답니다.

쏙쏙 파헤치는 호기심 경제

우리나라의 주요 수입 상품

각 나라마다 자원, 노동력, 기계 설비, 기술 수준 등이 다 달라요. 그러다 보니 같은 상품이라도 나라마다 품질과 가격에서 차이가 나요. 그래서 세계 여러 나라는 무역을 통해 좀 더 나은 경제생활을 하려고 하지요. 천연 자원이 부족한 우리나라에서는 주로 원자재, 자본재, 소비재 등을 수입하지요.

- **원자재**: 원유, 석탄, 철광석과 같이 원료가 되는 재료
- **자본재**: 컴퓨터, 반도체, 각종 기계류
- **소비재**: 농수산물, 커피, 담배 등 소비를 위한 제품들

우리나라의 주요 수출 상품

1960년대에 우리나라는 철광석, 텅스텐 같은 천연자원을 주로 수출했어요. 1970년대에는 많은 노동력을 필요로 하는 섬유나 경공업 제품(신발, 장난감, 가발 등)을 수출했지요. 그러다 1980년대에 들어서면서 기술이 향상되어 섬유와 함께 철강·기계·선박·전자 제품 등을 수출하기 시작했어요. 1990년대 이후에는 높은 기술력을 바탕으로 반도체 등의 첨단 산업 제품과 자동차 등을 주로 수출하고 있어요.

보이지 않는 손이 움직이지 않을 때는 어떻게 해야 할까요?

어느 해안 마을에 큰 양식장이 있었어요. 그런데 어느 날 갑자기 양식장에서 기르던 광어가 떼죽음을 당했어요.

"이럴 수가! 애써 기른 광어가 모두 죽다니……."

"최근에 이 근처에서 유조선이 난파된 일이 있었잖아. 그때 기름이 바다로 흘러나와 양식장의 물고기들이 죽은 거야."

"그렇다면 당장 유조선 회사 책임자를 찾아가세."

광어 양식업자들은 유조선 회사의 책임자에게 항의했어요. 하지만 책임자는 자기네 책임이 아니라며 발뺌을 했지요.

"광어가 떼죽음을 당한 게 우리 유조선 때문이라는 증거가 있습니까?"

그러자 정부가 나서서 문제를 해결해 주었어요.

"조사 결과 유조선 회사가 양식업자들에게 피해를 입혔다는 게 밝혀졌으니 보상금을 지급하시오. 그러지 않으면 세금을 물리겠소."

유조선 회사도 일부러 그런 일을 벌인 것은 아니에요. 양식업자들에게 나쁜 감정이 있었던 것도 아니고요. 그런데도 피해를 입히게 되는 이런 경우를 '외부 효과'라고 해요. 외부 효과는 시장 안에서 일어나는 일이 아니기 때문에 '보이지 않는 손'이 해결해 줄 수 없어요. 그래서 이런 경우에는 보통 정부가 나서서 문제를 해결한답니다.

상식 '보이는 손'이란 무엇일까?

경제에서 '보이는 손'은 정부의 역할을 가리키는 말이에요. 정부는 정치만 하는 게 아니라 경제 활동에 있어서도 큰 역할을 해요. 개인이나 기업이 하기 힘든 큰 사업을 맡아서 하기도 하고, 가난한 사람이나 노인, 장애우 등 사회적 약자들을 도와주는 일 등을 한답니다.